# COMO ENCONTRAR A FELICIDADE

# COMO ENCONTRAR A FELICIDADE

ABADE CHRISTOPHER JAMISON

Tradução
MARIA SÍLVIA MOURÃO NETTO

Revisão da tradução
MARCELO BRANDÃO CIPOLLA

SÃO PAULO 2011

Esta obra foi publicada originalmente em inglês com o título
FINDING HAPPINESS
por Weidenfeld & Nicolson, Londres.
Copyright © Christopher Jamison 2008
Todos os direitos reservados. Este livro não pode ser reproduzido, no todo ou em parte, armazenado em sistemas eletrônicos recuperáveis nem transmitido por nenhuma forma ou meio eletrônico, mecânico ou outros, sem a prévia autorização por escrito do Editor.
O Copyright, Designs and Patents Act de 1988 garante a Christopher Jamison o direito de ser identificado como autor deste livro.
Copyright © 2011 Editora WMF Martins Fontes Ltda.,
São Paulo, para a presente edição.

1ª edição 2011

Tradução
MARIA SÍLVIA MOURÃO NETTO

Revisão da tradução
Marcelo Brandão Cipolla
Acompanhamento editorial
Márcia Leme
Preparação do original
Ana Caperuto
Revisões gráficas
Maria Fernanda Alvares
Sandra Cortes
Produção gráfica
Geraldo Alves
Paginação/Fotolito
Studio 3 Desenvolvimento Editorial

Dados Internacionais de Catalogação na Publicação (CIP)
(Câmara Brasileira do Livro, SP, Brasil)

Jamison, Christopher
  Como encontrar a felicidade / Abade Christopher Jamison ; tradução Maria Sílvia Mourão Netto ; revisão da tradução Marcelo Brandão Cipolla. – São Paulo : Editora WMF Martins Fontes, 2011.

Título original: Finding Happiness
Bibliografia
ISBN 978-85-7827-400-9

1. Felicidade – Aspectos religiosos – Cristianismo 2. Pecados capitais 3. Vida cristã 4. Vida religiosa e monástica I. Título.

11-02909                                           CDD-248.4

Índices para catálogo sistemático:
1. Felicidade : aspectos religiosos : Cristianismo    248.4

Todos os direitos desta edição reservados à
**Editora WMF Martins Fontes Ltda.**
Rua Conselheiro Ramalho, 330   01325.000 São Paulo SP Brasil
Tel. (11) 3293.8150 Fax (11) 3101.1042
e-mail: info@wmfmartinsfontes.com.br   http://www.wmfmartinsfontes.com.br

Dedico este livro à memória de meu pai, que me ensinou a ter esperança; a minha mãe, que ainda me ensina a ter fé; e a meus irmãos e suas esposas, que continuam a demonstrar amor por mim.

# SUMÁRIO

*Prefácio* ............................... *9*
*Introdução* ............................. *11*

## PARTE UM | PUREZA DE CORAÇÃO
1 A história da felicidade ............... *19*
2 Bem-aventurados os puros de coração .. *37*

## PARTE DOIS | OITO PENSAMENTOS
PRIMEIRO PENSAMENTO Acídia .............. *57*
SEGUNDO PENSAMENTO Gula ................. *73*
TERCEIRO PENSAMENTO Luxúria ............. *89*
QUARTO PENSAMENTO Cobiça ................ *107*
QUINTO PENSAMENTO Ira ................... *125*
SEXTO PENSAMENTO Tristeza ............... *143*
SÉTIMO PENSAMENTO Vaidade ............... *161*
OITAVO PENSAMENTO Orgulho ............... *177*

*Agradecimentos* ......................... *195*
*Bibliografia* ........................... *197*

# PREFÁCIO

Este livro foi escrito para todos aqueles que buscam a felicidade. Por isso espero que seja lido por pessoas de todas as religiões e também por aquelas que não têm nenhuma religião. Ele começa com uma revisão de algumas noções antigas e modernas de felicidade, para depois se voltar para o exame das ideias propostas pelos antigos monges e monjas cristãos. A sabedoria desses monges e monjas deriva do Evangelho cristão, uma fé que compartilho prazerosamente com eles, mas não é necessário que você tenha a mesma fé para apreciar seus ensinamentos, os quais apresento neste livro. Basta que tenha a mente inquiridora e o coração aberto.

A ideia fundamental de todo o texto é que a felicidade nos alcança de maneira indireta, como resultado de um processo em que as causas de nossa infelicidade são derrotadas. Para caminhar nessa direção é preciso ter determinação e a perene disposição de questionar a si mesmo. Os melhores monges e monjas de todas as eras possuíam essa honestidade inabalável em grau extraordinário, o que faz

◆

deles guias inestimáveis em nosso percurso. Espero que pelo menos algumas de suas orientações possam ajudá-lo da mesma forma como me ajudaram.

ABADE CHRISTOPHER JAMISON
*Páscoa de 2008*

# INTRODUÇÃO

No início da série de televisão *The Monastery*, da rede BBC de Londres, fiz uma observação simples que, desde então, é repetida na abertura de cada episódio: "Percebemos que as pessoas, hoje, afirmam cada vez mais frequentemente que a vida é demasiado individualista e materialista, que o consumismo está em toda parte e que, embora elas tenham sempre mais prazeres superficiais, no fundo, não estão nada felizes." Esse comentário foi citado diversas vezes por pessoas que, motivadas pelo programa da TV, procuraram o mosteiro para períodos de retiro. Elas diziam: "Você estava falando de mim."

As pessoas procuram a felicidade, mas nem todas sabem como encontrá-la. Mesmo que, em certo sentido, sua vida pareça ir bem, elas falam de uma dor no coração e de decepções existenciais. O anseio espiritual está se tornando um elemento comum no mundo moderno, mas muitos não sabem o que fazer com ele em seu dia a dia.

Hoje, na Grã-Bretanha, somos mais ricos do que nunca, e, apesar disso, parece haver um sentimento generalizado de insatisfação. A obsessão de nossa sociedade com a busca da felicidade por meio do consumo e do prazer geralmente produz o resultado oposto. As pessoas se veem envolvidas pelas águas turbulentas da vida moderna, uma corrente arrebatadora na qual todos acham que precisam mergulhar e se deixar levar. Apesar da promessa de felicidade em abundância, para muita gente o poder dessa corrente está muito distante da força da felicidade. A atividade frenética e todas as aparentes conquistas proporcionam pouca satisfação.

Uma alternativa de sobrevivência ao torvelinho da vida moderna, sem se deixar levar por seu fluxo, é a vida monástica, que oferece igualmente a monges e leigos uma série de fundamentos, confiáveis como rochas, onde firmar os pés para resistir ao ímpeto da correnteza. Esses fundamentos não são, por si sós, nosso objetivo, nem tampouco uma técnica para atingi-lo, mas, como as pedras que permitem atravessar um rio, podem servir de apoio aos nossos passos, transmitindo-nos a confiança necessária para seguir em frente.

Os fundamentos deste livro são oriundos da tradição beneditina, a mais antiga forma de vida monástica da Igreja Católica. Uma das causas da longa duração dessa tradição é o fato de que seu fundador, São Bento, reconhecia quanto é difícil se manter no caminho espiritual. No Prólogo à *Regra de São Bento* (RB)* está escrito:

> ... não fujas logo, tomado de pavor, do caminho que leva à salvação. Ele se abre sempre por estreito início, mas, com o

---
\* Tradução e notas de Dom João Evangelista Enout, OSB. (N. da T.)

INTRODUÇÃO

progresso da vida monástica e da fé, nosso coração se dilata e, com inexprimível doçura de amor, percorremos o caminho dos mandamentos de Deus. (RB, Prólogo, 46-7)

Compare esse trecho com o que dizem os livros sobre felicidade encontrados na seção de títulos sobre mente, corpo e espírito, os populares livros de autoajuda, de qualquer grande livraria moderna. Eles supõem que felicidade é uma palavra simples, com um significado simples, e que bastam alguns bons conselhos para que possamos alcançá-la. A maioria diz algo como "leia este livro e aprenda um sistema que o fará feliz". A ideia por trás deles é que encontrar a felicidade é um processo sistemático, e que isso é relativamente fácil.

A moderna ciência da felicidade oferece uma abundância de bons conselhos sobre como atingir a felicidade, mas guarda um estranho silêncio sobre sua definição. A suposição implícita é que, quando usam a palavra "felicidade", todas as pessoas querem dizer a mesma coisa, ou seja, estão se referindo ao conceito bastante impreciso de "se sentir bem". Outra suposição é que aquilo que leva uma pessoa a se sentir bem é uma experiência subjetiva, e, por isso mesmo, a felicidade seria um estado irredutivelmente subjetivo. A consequência dessas suposições é que tais livros, convenientemente, não precisam examinar questões mais espinhosas, por exemplo, se existem definições corretas ou incorretas de felicidade.

Quando trabalhei como diretor de escola, os pais que vinham matricular os filhos costumavam dizer que, acima de tudo, queriam que seus filhos fossem felizes. Essa

♦
13

é uma aspiração bastante razoável em quem tem filhos. Entretanto, algo em mim queria desafiá-los, questionando: "O que você quer dizer com 'ser feliz'? Você de fato quer que seu filho 'se sinta bem' a qualquer custo, ainda que para isso ele tenha de comprometer sua integridade moral? Por que você não quer que seu filho, acima de tudo, seja decente, honesto e justo?" Desconfio que, para alguns pais, ser "feliz" realmente implica ter virtudes, mas o clima em torno da palavra nos tempos que correm indica que isso não pode ser dado como certo. A impressão que se tem é que algumas pessoas estão realmente dispostas a ser viciosas, em vez de virtuosas, para serem "felizes".

Há pouco tempo, algumas escolas implantaram o que chamam de "educação para a felicidade". Entretanto, o projeto pode ser facilmente reduzido à educação para a saúde, já que a acepção de saúde agora é mais ampla e inclui a saúde mental. Que as escolas ofereçam uma educação atenta à saúde mental é de fato um progresso bem-vindo, mas não se deve confundir saúde com felicidade. Educar para a felicidade não significa apenas oferecer conselhos para um estilo de vida saudável, mas, antes, ensinar que a bondade e a virtude são elementos indispensáveis à felicidade.

A tradição monástica cristã, como todas as tradições religiosas e monásticas clássicas, vislumbra um vínculo profundo entre felicidade e virtude. Embora não haja nada de imoral em se sentir bem, isso não serve de parâmetro moral para distinguir o certo do errado. Para chegar a esse parâmetro é preciso uma perspectiva mais ampla. O princípio tão comum de "não causar dano aos outros" parece servir de parâmetro para muitas pessoas, mas tem como

# INTRODUÇÃO

resultado inesperado permitir que se negligencie o mundo espiritual, o mundo interior, de onde se originam todas as nossas ações. Este livro oferece uma perspectiva baseada na espiritualidade e na virtude que jazem no íntimo de cada um de nós. Embora as consequências de nossos atos sejam importantes, a perspectiva monástica busca o coração e a alma de uma pessoa por trás de seus atos. Para encontrar a felicidade, precisamos ir além de um mundo em que vigora o simples "sentir-se bem e não prejudicar os outros" e entrar em um mundo em que o importante é conhecer o bem e colocá-lo em prática.

Quando buscamos a felicidade precisamos ter em mente, como um alerta, os perigos que aguardam aqueles que procuram ouro. Devemos nos acautelar contra o "ouro dos tolos", um mineral natural, a pirita, que parece ouro, mas não é; pois acredito que também existe a "felicidade dos tolos". Por exemplo, certas pessoas dizem que se sentem felizes quando estão embriagadas. Mas que espécie de felicidade é essa? A "felicidade dos tolos" ou a verdadeira felicidade? Penso que, como no caso do ouro, também existe falsa felicidade.

Os seres humanos sempre cometeram o erro de identificar felicidade com prazer, um erro que nos dias atuais é amplamente promovido pela cultura de consumo. Monges e monjas apreciam os prazeres simples da vida: geralmente vivemos em lugares de grande beleza natural e temos uma longa tradição na produção de vinhos, queijos e mel. O prazer é uma parte perfeitamente moral e desejável da vida. Entretanto, prazeres, por si sós, não tornam uma pessoa feliz. Eles só podem ser plenamente usufruídos se a pessoa já é feliz.

◆

15

## COMO ENCONTRAR A FELICIDADE

As fontes de prazer são muito variadas, e o que para uns é agradável, para outros pode não ser. Se prazer e felicidade forem confundidos, a felicidade se torna uma questão de gosto. Por outro lado, se *distinguimos* felicidade de prazer, então podemos perceber que o prazer é realmente uma questão de gosto ou preferência, mas a felicidade, não. Como no exemplo do ouro, é preciso um trabalho cuidadoso para discernir a felicidade autêntica. A tradição monástica oferece condições para a construção desse discernimento, propondo fundamentos que, como pedras de passagem em um rio, dão firmeza à nossa coragem enquanto decidimos que caminho seguir rumo à felicidade.

# PARTE UM
## PUREZA DE CORAÇÃO

# 1
# A HISTÓRIA DA FELICIDADE

*Qual de vós não ama a vida?*
Salmos 34, 13*

Os monges são felizes? Dizer que alguém é feliz pode ter muitos significados: a pessoa está apaixonada, embriagada, drogada, aproveitando a vida, exultante, contente, em um estado de ânimo jovial, tem sorte, está de bom humor, leva uma vida perfeita. Geralmente a pessoa descreve essa experiência dizendo "me sinto bem". Também esse qualificativo – "bem" – tem diversas acepções. Não posso dizer que os monges vivem alguma dessas situações, ou que eles ficam o tempo todo se sentindo bem. Em vez disso, vou fazer uma afirmação alternativa: posso dizer com convicção que os monges não são *in*felizes. Afirmar isso é mais fácil, porque a palavra "infeliz" parece ter um espectro mais limitado de sentidos: infeliz quer dizer, simplesmente, melancólico, desamparado e abatido.

Ora, posso dizer com certeza que os monges não são infelizes, pois praticamente nenhum dos monges que co-

---
\* A maioria das citações bíblicas será feita cf. a *Bíblia de Jerusalém*. São Paulo: Edições Paulinas, 1993. Vez ou outra, será empregada a tradução direta da citação em inglês para ressaltar o aspecto segundo o qual o autor compreende o texto. Nesses casos haverá uma indicação na própria citação. (N. da T. e do E.)

◆

nheço e que têm boa saúde (nem mesmo a maioria daqueles que não estão com a saúde em ordem) se mostra melancólico, desamparado e abatido. São pessoas positivas, que costumam carregar os seus fardos e os dos outros com uma impressionante dose de fé, esperança e amor. Essencialmente falando, a tradição monástica nos ajuda a enfrentar o que nos torna infelizes, promovendo uma espécie particular de felicidade que, às vezes, destoa da maioria dos significados citados anteriormente.

Assim como eu, o fundador do monasticismo ocidental, São Bento, hesita em descrever os monges como pessoas felizes em sua *Regra*. Esse título – *Regra* – muitas vezes confunde as pessoas, levando-as a pensar que Bento escreveu um livro cheio de normas. Na realidade, ele elaborou um texto com esclarecimentos sobre a vida cristã, acompanhados de algumas sugestões práticas (regras) para sua aplicação ao comportamento. Esses esclarecimentos ainda orientam as pessoas hoje em dia, embora parte das regras tenha sido adaptada às condições locais, como o próprio Bento recomendou que se fizesse. Em momento algum de sua *Regra*, Bento usa os termos "feliz" ou "infeliz". Ele viveu como monge na Itália no início do século VI, quando a Europa era alvo de invasões bárbaras, época marcada por extrema violência e instabilidade, e talvez por isso tenha desejado evitar a concepção primitiva de felicidade das inúmeras tribos invasoras. Em vez disso, prefere falar de alegria e contentamento, e, ao descrever essas qualidades, está descrevendo o que os monges compreendem como felicidade.

A HISTÓRIA DA FELICIDADE

## AS ORIGENS DA FELICIDADE MONÁSTICA

Nossa noção monástica de felicidade não surge do nada, porém. Embora sua fonte principal seja o Evangelho cristão, a tradição monástica enriqueceu o entendimento desse conceito com princípios introduzidos pelos antigos filósofos gregos. Uma boa maneira de compreender como ocorreu esse entrosamento cultural consiste em examinar a linguagem usada pelas pessoas para descrever a felicidade.

O termo latino para feliz – *felix* – também significa "que tem boa sorte", e, se consideramos sua origem mais remota, verificamos que *felix* vem de um termo grego que quer dizer "fértil". No mundo antigo, se você e sua terra eram férteis, você tinha boa sorte; e, se tinha boa sorte, era feliz. Daí conclui-se que, se a sorte é o que faz alguém feliz, já que não se pode prever a sorte, a felicidade acaba sendo mera questão de acaso. Essa noção fatalista, que constitui a acepção primitiva de felicidade, está profundamente enraizada na cultura europeia. Todos os idiomas europeus a exprimem. Em alemão, esse vínculo é muito claro: a palavra que designa "felicidade" ainda é a mesma que designa "sorte": *das Gluck*.

Em outras línguas essa ligação é menos explícita, mas um pouco de estudo logo revela que ela existe. Em inglês, *happy* [feliz] tem origem no inglês antigo *hap*, que significa "sorte"; esse núcleo de significado continua vivo em termos usados atualmente: *perhaps* [talvez], *hapless* [desafortunado], *haphazard* [ao acaso]. Em francês, felicidade é *le bonheur*, facilmente confundido na fala com *bonne heure*, que quer dizer "bom momento"; na realidade, *bonheur* é uma simplificação do francês antigo *bon augure*, que significa "bom augúrio", boa sorte.

Fertilidade e sorte são os primeiros passos na história da felicidade; e, lado a lado com a ideia de sorte, estavam os deuses pagãos, os imprevisíveis distribuidores de fertilidade e riqueza – e, portanto, quem garantia a sorte –, cuja boa vontade deveria ser assegurada com rituais e sacrifícios. Embora vestígios dessa noção de felicidade como sorte tenham permanecido no mundo contemporâneo em muitos países ocidentais, haja vista a imensa popularidade dos horóscopos, a maioria das pessoas hoje não considera a sorte a fonte essencial de sua felicidade. Então, como foi que ultrapassamos esse conceito primitivo de felicidade?

Os filósofos da Grécia antiga, seis séculos antes de Cristo, foram os primeiros a se dedicar à tarefa de desvincular a ideia de felicidade da mera sorte. Eles tentaram enxergar além da imprevisibilidade material da vida e começaram a estudar os aspectos constantes da natureza, como as montanhas e os rios. Em sua busca pela permanência, os filósofos identificaram um fluxo permanente; como observou Heráclito: "Nunca nos banhamos duas vezes em um mesmo rio."

Platão foi o primeiro grande filósofo a desenvolver um sistema completo de pensamento a partir da estabilidade, chegando à primeira definição clara, dada por um europeu, do que seriam os aspectos permanentes da vida e, portanto, da felicidade permanente.

Sua maneira de compreender a realidade abriu novas dimensões para o pensamento humano, e o exemplo do rio ilustra bem essa filosofia. Embora as águas de um rio estejam sempre em movimento e o rio, portanto, nunca deixe de mudar, a *ideia* de rio não muda. E essa ideia imutável deve ter alguma origem. Para Platão, sua origem estava no plano das ideias imutáveis, um domínio onde estão as ideias perfeitas, as formas perfeitas de tudo o que existe. Embora nosso corpo passe por mudanças e experimente a decadência, nossa mente sabe que há algo permanente além do material. Esse pensamento é derivado das formas ideais de todas as coisas. Essas formas são eternas e independem da mente humana, embora esta possa compreendê-las. Essa é a origem do idealismo, a crença de que, para além das mudanças incessantes e das imperfeições do cotidiano, há um mundo de ideias perfeitas e imutáveis, das quais todos os objetos derivam sua existência. Embora atualmente o termo "idealismo" seja usado com mais frequência para expressar a crença em ideias morais imutáveis, Platão acreditava que as ideias imutáveis estão por trás de todos os aspectos da vida, e não somente da moral.

A existência desse mundo das ideias, fixo e permanente, acarreta implicações imediatas para a compreensão da felicidade. Não se sustenta mais a cultura do acaso, em cujo âmbito a felicidade fora incluída anteriormente. Se a vida não é mais determinada por um lance de dados, simplesmente, nem pelo capricho dos deuses, se existe de fato alguma permanência, se há ideias imutáveis, então é possível formular a pergunta que antes não fazia sentido: como podemos ser felizes? Quando a vida é puro acaso, o máximo que podemos fazer é cultuar os deuses e esperar que tudo dê certo. Não faz o menor sentido perder tempo pensando em como ser feliz. Mas, quando pelo menos um aspecto da vida humana é permanente, então a felicidade também pode ser permanente; e, com isso, surge toda uma nova área de empenho humano: a busca da felicidade. A partir do século V a.c., a história da cultura europeia é impulsionada pela busca da felicidade como algo que os seres humanos podem alcançar por si mesmos. Não mais limitadas a lutar pela sobrevivência e a manter sob controle os elementos da natureza, cada vez mais pessoas começaram a acreditar que poderiam dar passos decisivos para se manterem permanentemente felizes e ajudar os outros a fazerem o mesmo.

## A CONTEMPLAÇÃO PLATÔNICA

É imensa a contribuição de Platão para a cultura europeia, mas em nossa jornada em busca da felicidade vamos nos concentrar em apenas um dos aspectos dessa contribuição: o modo como ele compreendia o desejo humano. Platão acreditava que a realização de nossos desejos mais profundos levaria à felicidade. Ao falar de desejo em vez de necessidade, ele estava libertando o ser que deseja. Na visão primitiva, há uma sequência de ligações que começa com as necessidades básicas, passa pela satisfação destas (se você tem sorte) e chega, por fim, à felicidade. Da perspectiva platônica, a sequência de ligações é outra: primeiro, um desejo qualquer; em seguida, a ação destinada a satisfazê-lo; por fim, quando esse desejo é satisfeito, a felicidade. A ligação deliberada entre desejo e felicidade permitiu às pessoas se desvencilharem da ideia de sorte como fonte de sua felicidade. Entre a necessidade básica e a felicidade está a sorte; já entre determinado desejo e sua satisfação, é possível que exista sorte, mas existe também a possibilidade da ação. Platão e seus contemporâneos discutiam sobre quais desejos seriam corretos e quais estariam errados e sobre como satisfazê-los. Mas todos concordavam que buscar ativamente a satisfação do desejo era a chave da felicidade; então, se dedicaram a descrever como atingir esse objetivo.

Essencialmente, esses filósofos afirmaram que todos os desejos terrenos derivam do mundo das ideias perfeitas e que, em última análise, todos nascem do desejo da bondade e da beleza perfeitas. Como Platão diz em *O banquete*, "ser feliz significa possuir o que é bom e belo...". E prossegue: "Ascendendo do amor por uma pessoa para o amor por duas; do amor por duas para o amor por toda a beleza corpórea; da beleza corpórea para a beleza da conduta humana; desta para a beleza dos temas de estudo; destes, finalmente, ele chega àquele ramo do conhecimento que não estuda senão a beleza em si, e, então, por fim, compreende o que é a verdadeira beleza."

Platão, porém, era cético quanto ao valor dos prazeres inferiores, que poderiam nos desviar do caminho rumo à felicidade maior da bondade e da beleza. As pessoas só podem encontrar a felicidade se aprendem a disciplinar seus desejos e regular sua conduta, evitando as tentativas equivocadas de satisfazer desejos, pois estes têm um potencial sombrio, que se manifesta em sonhos e fantasias, em súbitas obsessões e em atos descontrolados. É por isso que, para Platão, o desejo humano profundo necessita ser canalizado para uma vida de meticulosa disciplina.

## COMO ENCONTRAR A FELICIDADE

A felicidade platônica é a contemplação do bom e do belo. Essa é a primeira imagem perfeita de como a felicidade pode ser alcançada não pela sorte, mas deliberadamente. Se a permanência dos horóscopos em nossa cultura mostra que algumas pessoas ainda atribuem à sorte um papel importante em sua busca da felicidade, também há abundantes indícios de que a felicidade platônica é a verdade para muitos. Por exemplo, fazer um passeio no campo em uma região de belas paisagens, assistir a um concerto e visitar galerias de arte são atividades extremamente populares hoje em dia. É legítimo supor que toda essa multidão que assiste a concertos e frequenta exposições acredita que a contemplação do belo traz felicidade. Não nos limitamos a simplesmente ficar em casa esperando que a sorte nos encontre; saímos para desfrutar a beleza.

### A VIRTUDE ARISTOTÉLICA

Além do amor platônico, a tradição monástica tem ainda outra raiz, também clássica: a tradição da virtude. Para São Bento, os monges são pessoas que "se deleitam nas virtudes" (RB 7:69) e as práticas monásticas são "instrumentos das virtudes" (RB 73:6). Os monges são felizes por serem virtuosos e ficam tristes quando sua virtude falha. Aristóteles, o mais famoso discípulo de Platão, partilhava das convicções de seu mestre: de que era possível alcançar a felicidade, e de que, para isso, era preciso ir além dos prazeres materiais imediatos. Entretanto, em um sentido bastante literal, Aristóteles era mais pragmático que Platão. Enquanto este olhava para além do plano físico, Aristóteles considerava-o com atenção. E, ao fazê-lo, concluiu que tudo tem uma finalidade, um propósito, que está impresso na essência da própria coisa. Por conseguinte, a tarefa do filósofo consiste em descobrir a finalidade de cada coisa individual.

Segundo Aristóteles, o propósito do ser humano é ser feliz, mas o tipo de felicidade que buscamos também está gravado em nossa alma. Ele afirmava que o que distingue a criatura humana dos outros seres é a razão, a alma racional; assim, a felicidade humana deve ser uma felicidade racional. Aqui, "racional" significa agir em harmonia com as finalidades de todas as coisas, inclusive com os propósitos de nosso corpo. O alimento e a fome são exemplos simples disso: deve-se comer, mas não com exagero, porque o propósito do alimento é nutrir e dar prazer, não deixar a pessoa doente e lhe causar dor. Ele chamava esse comportamento racional de virtude, uma maneira de viver em harmonia com a natureza. A fome deve nos dizer quando comer: se comer com exagero é um vício, obrigar a si mesmo ou aos outros a passar fome é outro. A virtude está no equilíbrio.

Aristóteles sabia que, embora a virtude fosse racional, não era habitual. Mas pode chegar a sê-lo se as pessoas forem educadas para isso. Ele dizia que virtude é uma disposição da pessoa para fazer boas escolhas, e que é pela imitação que aprendemos a fazê-las. Quando crianças, não somos virtuosos, mas se alguém nos disser quais atos são virtuosos, podemos aprender a executá-los, e, gradualmente, eles se tornarão habituais. Por exemplo, se sou criado por pais justos e coerentes, que me ensinam a ser assim também, vou crescer sendo justo. A virtude da justiça será natural e habitual em minhas interações com as demais pessoas. Essa justiça trará felicidade para mim e para os outros.

# COMO ENCONTRAR A FELICIDADE

Para Aristóteles, a felicidade é "a atividade da alma que expressa a virtude". Assim, fundamentalmente, enquanto Platão entende a felicidade como contemplação, para Aristóteles, felicidade é viver de maneira virtuosa. Não obstante, ao contrário de Platão, Aristóteles admite a participação da sorte na felicidade: ele não pode concordar com o paradoxo de chamar de "feliz" uma pessoa que esteja vivendo um infortúnio. Embora a sorte de ter saúde e bens não seja suficiente para fazer alguém feliz, Aristóteles admite que isso é um alicerce necessário à construção da felicidade. A arte está em aprender a usar virtuosamente a saúde e os bens. A virtude aristotélica é um estado tão difícil de alcançar quanto a contemplação platônica. Mesmo assim, também tem estado sempre presente no imaginário europeu dos caminhos para a felicidade. Na sociedade contemporânea, a virtude aristotélica está viva e passando muito bem, pelo menos no nível prático. Mais do que nunca, acreditamos que as crianças devem aprender com os pais e na escola o que são o amor e a justiça, a serem sensatas e a fazer o bem. Os pesquisadores nos dizem que as experiências da criança em seus primeiros anos de vida são cruciais para que ela viva de maneira gratificante na idade adulta. Em outras palavras, a virtude de nossos pais e professores é um elemento vital para a nossa felicidade futura.

## A FILOSOFIA COMO MODO DE VIDA

Os antigos filósofos consideravam seu mister descrever não só um método analítico, mas, principalmente, um modo de vida. Nesse sentido, criaram exercícios para colocar em prática sua filosofia. Defendiam a noção de que as pessoas deveriam decorar os principais ensinamentos filosóficos a fim de que estes fossem constantemente rememorados, prática que chamavam de "meditação". Pregavam o autocontrole como meio de praticar cotidianamente esses ensinamentos e elaboraram um exercício chamado de "exame de consciência", destinado a avaliar até que ponto os ensinamentos filosóficos estavam sendo bem aplicados no dia a dia. Exercícios espirituais como esses eram usados por adeptos das mais diversas filosofias, mas, muito tempo antes do advento do cristianismo, todos concordavam que a consciência de si mesmo era essencial para uma vida feliz.

Do século II d.C. em diante, o neoplatonismo tornou-se a filosofia dominante no mundo grego, combinando elementos de Platão e Aristóteles com novos exercícios filosóficos. Alguns pensadores cristãos, por sua vez, combinaram esses exercícios neoplatônicos com o modo de vida preconizado por Cristo nos Evangelhos. Essa fusão do neoplatonismo com a fé cristã não se deu sem algumas dificuldades, e, até os dias de hoje, continua problemática para alguns cristãos. Não obstante, ela é um dos elementos-chave do monasticismo cristão. O centro desse trabalho de integração entre o neoplatonismo e o cristianismo estava localizado em Alexandria, a grande cidade portuária egípcia, do outro lado do Mediterrâneo em relação à Grécia. Lá, os pensadores cristãos criaram uma nova tendência teológica, que exerceu profunda influência sobre o incipiente monasticismo cristão, movimento que dava seus primeiros passos nas proximidades, nos desertos do Egito.

♦

## COMO ENCONTRAR A FELICIDADE

A contemplação platônica e a virtude aristotélica são elementos fundamentais da vida monástica. De fato, esses dois princípios estão interligados no próprio cerne da concepção monástica de felicidade. Ambos implicam uma luta contra as paixões inferiores, que nos distanciam da beleza e da bondade. Quando colocamos lado a lado esses dois elementos, vemos que os monges são pessoas que encontram alegria na contemplação e se deleitam na virtude.

Assim, contrastando a visão monástica com os significados de felicidade apresentados no início deste capítulo, já podemos vislumbrar um esboço do mapa do território que precisamos atravessar. Os significados contemporâneos de felicidade dizem respeito principalmente a se sentir bem, enfatizando o *sentir*. A contemplação platônica implica *conhecer* o bem; o termo "conhecer" é usado aqui com o mesmo sentido de quando dizemos conhecer um amigo, não naquele de quando dizemos estar a par de (conhecer) um fato. E a virtude aristotélica envolve *fazer* o bem, praticar a virtude nos atos cotidianos.

Bento descreve essa experiência – de conhecer e fazer o bem – do ponto de vista da alegria e do deleite. Por exemplo, um monge é alguém que se "deleita nas virtudes" (RB 7:69). O desejo de conhecer Deus é descrito de maneira jubilosa quando Bento convida o monge para que, "na alegria do desejo espiritual, espere a Santa Páscoa" (RB 49:7). Por conseguinte, os passos dos monges ao cruzar esse território implicam cautela diante dos marcos que sinalizam a felicidade como um mero sentir-se bem; e requerem a procura, isto sim, dos caminhos que conduzem à alegria e ao deleite de conhecer e fazer o bem. Para conhecer e fazer o

♦
30

bem, precisamos combater todas as espécies de pensamentos que tentam nos afastar dele. O tempo todo, o canto de sereia do "sentir-se bem" estará oferecendo atalhos para a felicidade. O entendimento monástico da felicidade como alegria e deleite é mais forte que esse canto, e proporciona uma felicidade tão duradoura que pode tornar até mesmo a morte um acontecimento feliz.

## A MORTE FELIZ

Os termos "feliz" e "morte" não aparecem naturalmente juntos na cultura contemporânea. Por outro lado, a tradição católica, em suas orações, pede "uma morte feliz". Vejamos, então, um caso de morte feliz para ilustrar esse significado peculiar de felicidade.

O episódio da morte do padre Michael Smith, que era monge em Worth, pode transmitir o significado monástico de felicidade com muito mais clareza do que qualquer explicação teórica. Durante muitos anos, a Abadia de Worth patrocinou uma pequena comunidade de monges que viviam e trabalhavam com os pobres no Peru. O padre Michael tinha trabalhado lá e era famoso por sua disposição para atravessar a pé as montanhas andinas para atender às necessidades de pessoas que viviam em aldeias remotas. Tornou-se conhecido como *"el gran misionero"*, isto é, o grande missionário. Quando finalmente voltou à Inglaterra, então com mais de 80 anos de idade, ficou doente e foi para o hospital. O diagnóstico foi um melanoma interno inoperável, resultado de anos e anos de exposição à forte insolação. Quando ele recebeu essa informação e o médico lhe explicou a natureza de sua doença, Michael voltou para casa. Então, eu me sentei com ele para conversarmos a respeito. Expliquei que essa doença costuma afetar a pele, mas que, em casos raros, ocorre dentro do organismo. Em um tom que indicava que ele sempre se perguntara do que, afinal, morreria, ele disse: "Bom, então é *isso* que vai me pegar de jeito!" E eu respondi: "Michael, você subiu muitas montanhas na vida, mas agora precisa escalar a mais alta de todas." Os olhos dele se iluminaram e ele replicou: "Sim, muitas vezes pensei nisso dessa maneira... e a melhor parte de subir uma montanha é a visão que se tem do alto."

Assim, durante dois meses, Michael subiu a montanha com grande fé e, ao longo desse período, vieram à tona suas profundas qualidades espirituais. Em suas últimas semanas, Michael não conseguia mais sair do quarto, nem comer; sua vida ficou reduzida ao mínimo. Tendo servido os mais desamparados, ele mesmo agora era um deles. Entretanto, conservava o que sempre tinha sido essencial em sua vida: o sorriso largo, as orações, a aceitação do desconforto, o cuidado com os outros, especialmente os peruanos, de quem ainda pedia notícias. Morreu como viveu. E todos os dias recebia a hóstia em seu quarto, com lucidez e grande dignidade. No penúltimo domingo de sua vida, ele estava muito debilitado e um pequeno grupo de monges celebrava a missa em seu quarto. Ao ouvir as palavras da consagração, "este é o meu corpo... este é o meu sangue...", os olhos de Michael se arregalaram e sua fé pareceu penetrar as aparências do pão e do vinho e chegar à visão dos próprios corpo e sangue de Cristo, criando então um profundo sentimento de contemplação e comunhão entre todos nós, ali presentes. Nos dias que se seguiram, ele foi lentamente mergulhando em um estado de inconsciência, até falecer, uma semana depois. Nossa comunidade monástica teve o privilégio de compartilhar a fundo essa experiência de uma morte feliz, que continua sendo para todos nós uma grande fonte de inspiração e conforto.

Alguns leitores talvez tenham partilhado uma experiência semelhante com um familiar idoso. Para mim, é digno de nota não somente que alguém, no leito de morte, possa ser grato por ter tido uma vida feliz, embora isso já seja uma grande bênção. O que mais me impressionou na morte do padre Michael foi o fato de o próprio processo de seu falecimento ter sido uma experiência feliz. Na morte, como na vida, Michael conheceu a alegria de contemplar a Deus e o deleite de viver virtuosamente.

Sem dúvida, morrer em idade avançada, sabendo que estamos morrendo cercados por amigos, familiares e pessoas queridas que nos oferecem seu amor, são elementos para uma morte feliz. Mas esta pode assumir múltiplas formas. Em nossa busca da felicidade, se formos capazes de compreender o que significa a felicidade no contexto da morte – afinal, a única experiência futura que todos temos em comum –, teremos, então, alcançado um entendimento da felicidade que nos será muito útil também na vida. Em sua *Regra*, São Bento diz que o monge "deve ter a morte diariamente diante dos olhos". Alguns podem considerar mórbida essa atitude, e também a própria ideia de encontrar felicidade pensando na morte. Mas eu vejo essa abordagem de forma radicalmente oposta. Mórbido é pensar constantemente na morte e deixar-se fascinar por ela. Em vez disso, estou propondo encarar a morte de frente e, de certo modo, conquistá-la; para tanto, descrevo como a morte pode ser um momento feliz.

É muito comum pessoas diagnosticadas com alguma doença fatal relatarem que a enfermidade levou-as a reavaliar a vida e suas prioridades. Isso às vezes as leva a uma vida mais simples, com dedicação de mais tempo àquilo que realmente importa. Sem que se deem conta, estão atendendo à recomendação de São Bento de manter a morte bem diante dos olhos. Essas pessoas ficariam surpresas se alguém dissesse que estão sendo mórbidas. Ao contrário, insistiriam em dizer que encontraram uma maneira melhor de viver. Manter a morte diariamente diante dos olhos significa pensar em como tornar feliz a nossa própria morte. Isso não só nos permite aceitar a realidade da morte como parte da vida, como também nos ajuda a viver o agora prestando plena atenção ao que verdadeiramente importa. Por isso a consciência da morte é um elemento significativo de nossa busca da felicidade.

Um exemplo surpreendentemente extraído do mundo dos negócios também ilustra como essa aceitação da morte pode agir a nosso favor. No ambiente de gerenciamento de projetos, começar um projeto pelo fim e voltar por etapas ao começo é chamado de *back planning* [planejamento retroativo]. Quando sabemos como deve ser o estágio final, podemos trabalhar do fim para o começo para descrever o início do processo. Essa abordagem tem a vantagem de produzir um quadro completo do que está em jogo: além de nos mostrar o último passo, também mostra o primeiro. Assim, o ideal é, no início de nossa empreitada rumo à

## A HISTÓRIA DA FELICIDADE

felicidade, fazer um pouco de "planejamento retroativo" com vistas a uma vida feliz, o que significa começar com a descrição de uma morte feliz.

Além dos aspectos mais comuns, como a alimentação e os cuidados diários, a morte feliz poderia envolver a ausência de dores que entorpeçam a mente (embora a ausência total de dor não seja essencial); a ausência de raiva, seja por ter sido superada pela aceitação da morte, seja por nunca ter existido; e um sentimento de comunhão com nossos entes queridos e com Deus. Idealmente, poderia envolver ainda a consciência interior do que está acontecendo para que possamos nos entregar ao inevitável sem um apego desesperado às coisas e sem fazer exigências a quem estiver por perto. A morte feliz também pode incluir um olhar de gratidão à vida que vivemos e às pessoas que amamos. Esta não é uma lista definitiva, mas uma relação intuitiva que elaborei com base em algumas experiências pessoais. Sugiro que cada um descreva como seria sua própria morte feliz, porque, fazendo isso, provavelmente descobrirá o que é importante para uma vida feliz.

Uma morte feliz como parte de uma vida nutrida pela contemplação e pela virtude descreve a imagem geral de nossa jornada. Entretanto, essa visão clássica da felicidade pode parecer inalcançavelmente idealista e excessivamente restritiva para as pessoas nos dias atuais. A liberdade é parte inalienável do entendimento moderno do que é a felicidade, por isso devemos agora procurar saber se a perspectiva aqui proposta é compatível com os conceitos modernos de liberdade e felicidade.

◆

# 2
# BEM-AVENTURADOS OS PUROS DE CORAÇÃO

*Deus é bom [...] para os corações puros*
Salmos 73, 1

## A LIBERDADE MONÁSTICA

"Vida, liberdade e procura da felicidade" tem sido o estandarte da modernidade desde que a Declaração de Independência dos Estados Unidos cunhou esse lema, em 1776. Hoje, a liberdade de escolha é considerada um ingrediente básico da felicidade, a tal ponto que, depois de atendidas as necessidades de alimento e abrigo, a próxima coisa que as pessoas querem é liberdade. Essa liberdade tem dois aspectos: liberdade no sentido de não coerção e liberdade para efetuar uma série de escolhas fundamentais – escolher o companheiro, a casa, o trabalho e o modo de vida. Os monges abdicam voluntariamente de algumas dessas escolhas, de modo que, à primeira vista, parecem ter pouco a dizer sobre liberdade aos que vivem fora dos mosteiros. Embora seja verdade que, ao ingressar em um mosteiro, o monge abre mão de alguns aspectos de sua autonomia, ele o faz movido por um desejo profundo de alcançar outro tipo de liberdade: a liberdade de espírito.

◆

O mosteiro pelo qual me senti atraído, a abadia de Worth, segue a *Regra de São Bento*. Como expliquei anteriormente, esse texto não é um conjunto de normas, e sim um livro com esclarecimentos e diretrizes para uma vida cristã, os quais, a cada época, são reformulados. Quando comecei a refletir sobre a possibilidade de me tornar monge, a ideia de perder a minha liberdade foi o que me assustou. Fiquei com medo de perder a liberdade de escolher meu trabalho e de viver da maneira que eu preferisse. Tive medo de perder o direito de encontrar uma moça para namorar e casar; e, pior ainda, eu teria de fazer um voto de obediência. Com o tempo, a esperança acabou triunfando sobre o medo e eu me tornei noviço na abadia de Worth.

Achei muito cansativo o meu novo estilo de vida, e os primeiros seis meses me deixaram esgotado. No mosteiro existe tempo e lugar para absolutamente tudo: oramos juntos seis vezes ao dia e sempre comemos juntos, geralmente em silêncio. Não há televisão e, à noite, o silêncio é total. Acima de tudo, por mais que os outros monges sejam cordiais, você tem de se virar sozinho. Comecei a ficar doente, passei o Natal na cama e não estava me divertindo nem um pouco. O abade daquela época quase me mandou embora.

Eu tinha de encarar as minhas próprias fraquezas e os meus pecados. A disciplina da vida regular eliminara tudo o que pudesse me distrair de meu mundo interior, que agora se impunha em primeiro plano. Os demais noviços eram todo o meu horizonte, e, então, pequenas coisas passaram a me aborrecer. Como esse aborrecimento às vezes se transformava em uma raiva muito forte ou em alguma doença física, meu mundo virou de ponta-cabeça. Com o apoio habilidoso de monges mais velhos e mais sábios, compreendi enfim que os problemas estavam dentro de mim, ou melhor, que dentro de mim estavam os problemas que eu efetivamente podia resolver. Eu tinha sido conduzido a uma situação que estava além da minha competência, a um território novo, no qual precisava aprender com os outros a seguir em frente. Tive de admitir que sozinho eu não daria conta de minha vida interior, eu precisava de apoio e orientação. Instintivamente, todos sentimos medo do escuro; e eu tinha receio da minha escuridão pessoal. Mas, assim como aprendemos a superar o medo do escuro físico, amigos habilidosos também podem nos ajudar a vencer o medo do escuro espiritual.

Com a chegada da Páscoa, alguma coisa mudou. Percebi que o sistema que antes me parecera tão exigente tinha me conduzido a uma situação nova, na qual eu era uma pessoa mais livre. Passei a gostar da jornada que me levava à meditação, tinha menos compulsões e comecei a apreciar a diversidade dos irmãos no mosteiro, em lugar de criticá-los. Mas, principalmente, vi que precisava encarar o meu mundo interior e as minhas próprias necessidades. Sem essa consciência, corria o risco de satisfazê-las enquanto fingia atender às necessidades daqueles a quem o mosteiro servia. Eu precisava reconhecer as minhas questões pessoais e desenvolver um processo para resolvê-las, para então me tornar verdadeiramente disponível para os outros, sem precisar impor-lhes necessidades que eram minhas.

Quando olhei para trás, comecei a perceber que, como um guia experiente, Deus me conduzia através de difíceis passagens pelas montanhas da disciplina para que um novo mundo se abrisse para mim, um mundo que eu nunca visitara mas que esperava encontrar tornando-me monge, e Deus não me decepcionou. A travessia dessas montanhas foi apenas o primeiro estágio; desde então tenho encontrado outros lugares difíceis de atravessar, como o canto de sereia dos prazeres, os abismos das emoções destrutivas e os cumes do orgulho. Este livro trata desses pontos. Para mim, porém, o primeiro passo foi compreender que cruzar as montanhas da autodisciplina é o caminho para alcançar aquela espécie particular de felicidade que acompanha a liberdade de espírito.

## O CORAÇÃO MODERNO

É estranho que a sociedade contemporânea, que enfatiza tanto a liberdade externa, dê tão pouca atenção à liberdade interior. Às vezes, a maneira pela qual as pessoas falam do coração humano faz pensar que nesse mundo interno não existe liberdade; que ele é estático e imutável. Com a melhor das intenções, justificamos certas condutas dizendo: "Ele teve uma infância difícil", "Ela é tímida", "São adolescentes". Eliminamos facilmente a liberdade de uma pessoa quando a tratamos como um "caso problemático", como alguém que ficou entalado em um bueiro e não consegue mais sair. Muitas vezes, a aprovação e uma atitude compreensiva mais atrapalham do que ajudam os que sofrem de conflitos interiores, pois não representam um auxílio efetivo para que essas pessoas superem suas dificuldades. Ira, orgulho, gula, cobiça – esses sentimentos não são classificados como anormais em nossa sociedade, mas, na realidade, eles impedem que as pessoas vivam como realmente gostariam, ou porque isso as afeta negativamente ou porque afeta negativamente outras pessoas. Muito frequentemente, esses pensamentos são afastados com uma falsa explicação, que pretende considerá-los algo normal: "Ah, a natureza humana é assim mesmo!"

A tradição monástica acredita que o mundo interior é um lugar de liberdade. O monge e a monja, na contramão das atitudes contemporâneas, reduzem sua liberdade externa a fim de se concentrarem na liberdade interior. As lutas que travei como noviço se originaram de minha dificuldade de abrir mão de todas as liberdades que as pessoas têm hoje em nossa sociedade, e que são perfeitamente legítimas. Mas, então, por que abrir mão delas? Embora o monge ou a monja abdiquem de maneira radical dessas liberdades, desistir inteiramente delas não é uma opção para os leigos, que vivem em sociedade. Nesse caso, como as pessoas podem se beneficiar da insistência monástica na liberdade interior em lugar da exterior? Baseando-me em conversas com leigos, digo que a resposta está em reconhecer que o exercício dessas liberdades exteriores pode se tornar um fim em si mesmo, em vez de um passo no caminho para a felicidade.

Temos um exemplo disso na atividade favorita da sociedade de consumo: fazer compras. A expressão *shopping*-terapia é usada ironicamente para descrever um estilo particular de compra. Porém, oculto nesse comportamento está o germe do que pode dar errado quando o exercício de escolha se torna um fim em si mesmo. Todos precisamos de roupas, portanto, viver em uma sociedade que nos permite escolher roupas a preços razoáveis pode ser um verdadeiro benefício e uma contribuição à felicidade. Mas quando a sociedade de consumo nos convence de que, se nos sentimos infelizes, o ato de comprar nos deixará novamente felizes, então a vida perdeu o equilíbrio. Quando estamos infelizes, precisamos analisar nossas escolhas interiores, e não fazer uma lista de compras.

Em outras palavras, ficar apenas fazendo escolhas e mais escolhas, sem parar, pode nos afastar do mundo interior, a verdadeira fonte da felicidade. O exercício da liberdade externa pode acabar tomando o lugar do exercício da liberdade interior, tornando-se uma atividade substituta, que ajuda a evitar certas escolhas internas mais complexas. Por exemplo, é possível que, em vez de buscar um emprego novo, você deva passar mais tempo com a família; que, em vez de tirar férias, deva encarar seu problema de alcoolismo. Na melhor das hipóteses, as escolhas externas podem aliviar os sintomas, mas não levam àquele deleite íntimo que é a fonte da verdadeira felicidade.

A tradição monástica conserva seus atrativos para a imaginação popular justamente por sua sabedoria a respeito de nossa interioridade. Há provas mais que suficientes de que o monasticismo não é um desdobramento obscuro ou acidental de algumas tradições religiosas, como o catolicismo ou o budismo. Ao contrário, assim como a forte vontade de ter filhos se manifesta em todos os adultos saudáveis (quer efetivamente tenham filhos, quer não), também uma intensa vontade de se entregar à vida monástica está presente em todos os adultos espiritualmente saudáveis, quer se tornem monges ou monjas, quer não. Essa vontade de se entregar à vida monástica é a vontade de contemplar, é o desejo de recuar um passo, de permanecer em silêncio e olhar para dentro de si mesmo, é o desejo de encontrar um refúgio. Aprender a expressar esse impulso é um dos passos rumo à felicidade.

Há cada vez mais caricaturas contemporâneas dessa busca interior: hotéis oferecem retiros a que dão o nome de "Santuário", e propagandas de chá verde prometem não só uma ótima digestão, mas também paz de espírito. Para encontrar esse refúgio, porém, é preciso uma disciplina diária, não só um tratamento em um *spa* ou o consumo de um produto. Quando criamos tempo para o refúgio em nossa vida, o panorama interior de nossa existência nos é revelado com mais clareza, tanto em seus aspectos luminosos como nos sombrios. Então é preciso ter coragem para encarar não só a luz, mas também as trevas do coração humano. Essa contemplação envolve dores reais e, para encontrar a felicidade contemplativa, devemos nos dispor a combater os demônios. A boa notícia é que temos guias seguros para nos ajudar nesse processo, que, apesar de doloroso, também é gratificante.

Durante o século XX, as tradições monásticas da Ásia foram bastante divulgadas na Europa e nos Estados Unidos. As tradições budista e hindu pareciam oferecer orientações para essa jornada interna que as pessoas não encontravam na experiência habitual com o cristianismo. Mais recentemente, os ensinamentos xamanistas também ganharam popularidade e resultaram em cursos, com programas ecléticos, montados por praticantes ocidentais. A cultura ocidental, porém, conta com uma diretriz espiritual muito mais próxima. Trata-se da tradição monástica cristã, que assimila os ensinamentos de Cristo à jornada interior, sendo essa uma de suas principais realizações. Jesus, o Filho de Deus, que lutou com os demônios no deserto, é o foco da proposta monástica cristã.

## PUREZA DE CORAÇÃO

Certa manhã de domingo, em 271 d.C., em uma pequena aldeia próxima a Alexandria, um jovem de 20 anos, chamado Antão, estava assistindo à missa na igreja. Ali ouviu a leitura de uma passagem do Evangelho que dizia: "Se queres ser perfeito, vai, vende os teus bens e dá aos pobres, e terás um tesouro nos céus. Depois, vem e segue-me." Ele acatou essa recomendação ao pé da letra e abandonou tudo para ir viver no inóspito ambiente do deserto egípcio, onde esperava contemplar Deus. Naquele mundo estéril, sua vida foi frutífera. Ele se tornou o primeiro a descrever a arte de "combater os demônios", com uma famosa declaração em que nos adverte a ficar em guarda contra as tentações até o nosso último suspiro. Santo Antão do Egito morreu na lendária idade de 105 anos, e sua vida no deserto é um dos alicerces do monasticismo cristão.

Os primeiros monges e monjas cristãos se inspiraram no exemplo de Santo Antão. Viveram nos desertos do Oriente Médio nos séculos IV e V e se tornaram conhecidos como os Padres e Madres do Deserto. Viviam em comunidades informais e, aos poucos, fundaram mosteiros mais estruturados. Os mais sábios dentre eles receberam o título de *abba*, quando homens, e *amma*, quando mulheres, termos que significam, respectivamente, pai e mãe e que, mais tarde, passaram a ser abade e abadessa. Seus ditos e histórias nos acompanharão em nosso caminho. Eles não usaram a linguagem da liberdade, que conquistou tanto destaque no discurso moderno. Sua preocupação principal era a pureza de coração, que podemos descrever como liberdade de espírito.

A palavra "pureza" tem implicações que deixam muitas pessoas incomodadas. Em geral, ela é associada a "puritano", vinculando-se assim à abordagem negativista embutida nesse termo. No contexto sexual, o termo "pureza" é usado como sinônimo de virgindade, um significado acentuado pelas modernas campanhas em prol da abstinência sexual entre adolescentes, que afirmam estar promovendo a pureza, sem esclarecer que estão se referindo à pureza sexual. O ensinamento monástico cristão sobre a pureza de coração não se reduz a nenhum desses significados limitados. A pureza de coração descrita pelos primeiros monges funda-se na capacidade inata das pessoas para o exercício da bondade, e considera a sexualidade uma dentre as várias áreas da vida em que uma atitude cuidadosa pode favorecer a manifestação da bondade.

Para os primeiros monges e monjas cristãos, a noção de pureza e impureza é geral e não se restringe a uma única área da vida. Quando usam esses termos, estão descrevendo as tendências conflitantes do coração humano entre o certo e o errado. Para eles, atingir a pureza de coração é um objetivo imediato, que os inspira a realizar esforços heroicos para resistir ao mal e adotar a bondade. Portanto, aqui o termo "puro" não está associado à inocência, e não existe a noção de recuperar algum estado original. A pureza não é algo herdado no nascimento e depois perdido. Pureza de coração é uma qualidade arduamente conquistada pela pessoa comprometida em superar os pensamentos maus e acolher apenas os bons. Quando conseguirmos manter permanentemente tal estado de espírito, teremos alcançado a pureza de coração.

Os Padres do Deserto comparavam a pureza de coração ao alvo que os atiradores de azagaia miravam nos jogos da Antiguidade. Embora seja difícil atingir um alvo pequeno, isso pode ser feito, e o esforço requer que o praticante dê o melhor de si ao efetuar os lançamentos. Do mesmo modo, a pureza de coração descreve a melhor condição dos seres humanos, quando sua capacidade para o amor encontra a mais completa expressão, isenta de qualquer pensamento egoísta. É trabalhoso alcançar esse nível, porque os seres humanos são continuamente tentados a se comportar com egoísmo; o exemplo de muitos santos, porém, mostra que esse egoísmo pode ser vencido.

O primeiro passo para alcançar a pureza de coração consiste em reconhecer a realidade da psique humana. Os Padres e Madres do Deserto, vivendo em condições de extrema solidão e simplicidade, foram capazes de percepções profundas e autênticas sobre nosso mundo interior. Foram tão realistas quanto os psicólogos modernos a respeito das paixões e lutas internas, mas nunca abandonaram sua convicção de que eram livres para escolher uma interioridade mais integrada do que aquela que haviam conhecido anteriormente. Assim como hoje em dia, gerentes de empresas são enviados para cursos em locais remotos e selvagens para que possam descobrir mais a seu próprio respeito, também os primeiros monges e monjas partiram para os desertos do Oriente Médio a fim de descobrir a si próprios e descobrir também Deus. Uma vez lá, sua primeira constatação da vida interior foram os seus pensamentos, em particular, aqueles que os deixavam inquietos e tentavam convencê-los a desistir da jornada. Esses pensamentos negativos estão presentes em todos os corações humanos e a maioria das pessoas quase os reconhece, mas evita realmente examiná-los, com medo dessa poderosa realidade íntima. Os primeiros monges e monjas encararam-nos sem temor, com inabalável coragem e sinceridade, a salvo de todas as distrações e escapatórias.

Observaram que esses pensamentos ocorrem em um padrão sempre igual e são oito. Os primeiros três são pensamentos sobre o corpo: gula, luxúria e cobiça; os três seguintes são pensamentos presentes no coração e na mente: ira, tristeza e acídia; os últimos dois, presentes na alma: vaidade e orgulho. Estes são os Oito Pensamentos que servem de referência em nossa busca da felicidade. Exceto pelo fato de que começaremos pela acídia, dada a alta destrutividade que a caracteriza na cultura contemporânea, iremos estudar todos os demais pensamentos em sua ordem original. Em latim, *acedia* – acídia – significa "descuido, desleixo, indiferença" e, neste contexto, pode ser traduzida como indiferença ou apatia espiritual. No próximo capítulo vamos examiná-la em mais detalhes.

Enfrentar os Oito Pensamentos e superá-los é a essência do caminho monástico rumo à felicidade. A existência desses pensamentos não significa que a pessoa tenha feito algo errado; na realidade, eles estão presentes na vida de todos. A única diferença é que algumas pessoas perceberam que eles precisam ser combatidos e outras não perceberam.

Nossa caminhada monástica também irá ajudá-lo a conhecer as virtudes que se opõem aos Oito Pensamentos. Três delas se referem ao corpo: moderação, amor casto e generosidade. Três outras estão no coração e na mente: delicadeza, alegria e consciência espiritual. E duas virtudes estão na alma: magnanimidade e humildade. A natureza humana é de tal feitio que, para vivermos segundo essas maravilhosas virtudes, precisaremos primeiramente compreender os Oito Pensamentos.

Estes têm o poder de comprometer o nosso bem-estar, fazendo-nos perder o equilíbrio e sair do caminho que leva à felicidade. São pensamentos que, embora brotem de nosso interior, parecem maiores que nós e, por isso, costumamos enxergá-los como forças que nos atacam de fora. E foi nesse sentido que os Padres e Madres do Deserto os chamaram de demônios. A ira, por exemplo, é um pensamento, mas também é um demônio que pode se apoderar da pessoa a tal ponto que ela acaba fazendo coisas terríveis, completamente descabidas. Alguns sistemas jurídicos (mas, o que é interessante, não a rígida lei britânica) reconhecem que as pessoas que cometem crimes movidos por uma paixão forte não estão em plena posse de seu juízo; por isso esses sistemas imputam penas muito mais brandas para crimes como matar impulsivamente o sujeito que você encontrou na cama com a sua mulher. Esses sistemas reconhecem que podemos ser possuídos por algo que não é o nosso eu normal, ou seja, que podemos ser possuídos por uma raiva demoníaca ou, simplesmente, por um demônio.

Os Padres e Madres do Deserto viviam em uma cultura em que existia a forte crença na realidade do Diabo como uma força do mal no mundo. Para eles, os demônios eram servos do Diabo, enviados com a finalidade de instigar as pessoas a abandonar a vida virtuosa. Segundo essa teologia, entretanto, o Diabo não é simplesmente uma vida igual e oposta a Deus, porque, embora Deus possa agir diretamente sobre as pessoas quando Ele assim o deseja (pela graça divina), o Diabo só pode agir indiretamente, por intermédio dos vícios. Quando as pessoas escolhem livremente transformar esses Oito Pensamentos em atos, então cedem aos vícios e os demônios podem penetrar-lhes a alma. Colocar em prática os pensamentos negativos é um ato de livre escolha que conduz ao vício e, nos casos extremos, a atos que parecem ser realizados por um possesso. Nesse sentido, os demônios estão sempre tentando nos persuadir a transformar nossos pensamentos em vícios, embora sejamos completamente livres para decidir o contrário.

Em nosso caminho rumo à felicidade, nosso guia principal para compreender os Oito Pensamentos e seus demônios será João Cassiano. Nascido por volta de 360 d.C., na Europa Oriental, tornou-se monge com 20 e poucos anos, e, então, foi visitar vários mosteiros do Oriente Médio. Cassiano é célebre por ter sido o primeiro a registrar sistematicamente os ensinamentos dos Padres e Madres do Deserto. Esse registro tornou-se a base de dois textos: os *Institutos*, que ele escreveu para os monges e monjas dos mosteiros que fundou, e as *Conferências*, ministradas aos monges que viviam nas ilhas de Lerins, ao largo de Cannes, no sul da França. Todas as citações de Cassiano foram extraídas dessas duas obras. Falecido em 440, Cassiano serviu de guia e inspiração para Bento, nascido em 480. Foi, portanto, por meio de Cassiano que os ensinamentos dos Padres e Madres do Deserto do Oriente Médio chegaram até a Europa e penetraram na cultura europeia. Quando penso que um monge do século IV, que divulgava suas ideias bem pertinho de Cannes, terra do famoso festival de cinema, foi o responsável por apresentar aos europeus o mundo dos demônios interiores, demônios sempre invocados pelas celebridades do mundo cinematográfico para explicar e desculpar seus vícios e loucuras, não posso deixar de sorrir.

Não precisamos concordar com a demonologia do século IV para crer não só que as pessoas têm pensamentos negativos que as levam a cometer atos condenáveis, como ainda que, em certos casos, seus vícios literalmente parecem possuí-las. Entretanto, com a mesma liberdade com que podemos acolher os demônios, podemos renunciar a eles. Para João Cassiano, a consciência constante da vida interior era o melhor caminho para alcançar a pureza de coração, embora os demônios a todo momento nos distraíssem desse estado de espírito. Para superar essas distrações, Cassiano nos aconselha a orar com o versículo do salmo que diz: "Ó Deus, vinde em meu auxílio; ó Senhor, socorrei-me sem demora." Ele adotou a repetição constante dessa prece simples como método para escolher livremente a pureza de coração em todos os momentos do dia.

Algumas pessoas podem entender essa atitude como uma abordagem bastante antiquada, que teria sido substituída pela psicologia moderna. No entanto, um dos movimentos mais eficientes da era moderna, que libertou milhões de pessoas de um comportamento vicioso, baseia-se justamente nessa abordagem. A expressão usada para descrever um dos vícios modernos mais comuns – "o demônio do álcool" – mostra como a imagem dos demônios ainda faz parte de nossa forma de pensar. O grupo Alcoólicos Anônimos (AA) oferece um programa para a pessoa se livrar do demônio do álcool. O processo envolve os Doze Passos, constituídos a partir das experiências pessoais dos primeiros membros dessa organização. O núcleo fundamental do programa está nos Passos de 4 a 7, que são expressos assim:

"QUARTO PASSO:
Fizemos minucioso e destemido inventário moral de nós mesmos.
QUINTO PASSO:
Admitimos perante Deus, perante nós mesmos e perante outro ser humano a natureza exata de nossas falhas.
SEXTO PASSO:
Prontificamo-nos inteiramente a deixar que Deus removesse todos esses defeitos de caráter.
SÉTIMO PASSO:
Humildemente rogamos a Ele que nos livrasse de nossas imperfeições."*

...............
* Cf. <www.alcoolicosanonimos.org.br/modules.php?name=Conteudo &pid=14>. Acesso em 7 abr. 2009. (N. da T.)

A livre escolha de beber exageradamente é agora substituída pelo livre pedido a Deus para que nos salve. Os Doze Passos dos AA refletem de maneira notável as experiências vividas no deserto. A diferença é que na tradição do deserto essa abordagem se aplica a todos os demônios, não somente ao álcool. Penetramos em nosso mundo interior, damos nome a seus demônios e então pedimos ajuda para dominá-los. De certo modo, então, este livro aplicará os Doze Passos à totalidade da vida e, ao fazer isso, seguirá uma direção diferente da encontrada na maioria dos textos contemporâneos sobre felicidade. Aqui não haverá, por exemplo, conselhos sobre como estipular metas ou conhecer melhor as próprias forças. Sem dúvida, esses aspectos são importantes e outros autores já escreveram fartamente a respeito. Em lugar disso, assim como os Doze Passos dos AA são descritos como um programa de recuperação pessoal, os passos de um monge são um programa pessoal de recuperação de nossa vida interior. Por razões várias, que vão do declínio da religião ao aumento do consumismo, nossa sociedade corre o risco de perder sua alma. Os passos de um monge são oferecidos, então, como um programa pessoal de recuperação da alma, cuja proposição fundamental é, se encontrarmos nossa alma e conseguirmos resgatá-la aos demônios, estar a caminho da liberdade interior e da felicidade. Os passos monásticos nos ajudam a levar a vida espiritual a sério e, como resultado indireto disso, passamos a experimentar um estado interior de alegria e contentamento. Porém, o caminho a ser trilhado para a recuperação de nossa verdadeira liberdade interior não é fácil. O que nos consola é que os primeiros monges e monjas sabiam disso, tanto que lembravam uns aos outros que não fossem muito severos com as pessoas comuns que vinham procurá-los em busca de orientação. Uma bela ilustração dessa atitude compassiva está presente na discussão monástica sobre o álcool. Um dos capítulos mais estimados da *Regra de São Bento* tem como tema o vinho. Uma vez que Bento viveu entre o final do século V e o início do VI, os Padres do Deserto, que representaram a era de ouro da conduta monástica, eram seus heróis e modelos. Fiel à tradição que herdara, mas sempre equilibrando realismo e idealismo, Bento começa: "Ainda que leiamos não ser absolutamente próprio dos monges fazer uso do vinho..."; para acrescentar logo a seguir: "... como em nossos tempos disso não se podem persuadir os monges, ao menos convenhamos em que não bebamos até a saciedade, mas parcamente" (RB 40:6). A benévola compreensão de Bento é um incentivo para nos dedicarmos ao exame dos passos que a tradição monástica nos oferece como meio de enfrentar os pensamentos e os demônios que nos separam da felicidade de um coração puro.

# PARTE DOIS
## OITO PENSAMENTOS

PRIMEIRO PENSAMENTO
ACÍDIA

*Todos os confins da terra se lembrarão*
Salmos 22, 27

Em 2004, a empresa de pesquisas MORI foi contratada pela BBC para realizar um levantamento entre mais de mil britânicos para saber se eles já tinham cometido algum dos sete pecados mortais, a saber, orgulho, inveja, ira, preguiça, cobiça, gula e luxúria. Em primeiro lugar na pesquisa ficou o pecado da ira, cometido por cerca de 80% dos entrevistados, mas todos os outros pecados já tinham sido cometidos por bem mais do que a metade deles. No entanto, quando a pergunta foi "Qual o principal pecado mortal do Reino Unido?", os entrevistados praticamente ignoraram os sete pecados tradicionais e mencionaram "crueldade" e "adultério" como os dois piores. Quando tiveram de escolher qual dos sete pecados mortais eles preferiam, o vencedor disparado foi a luxúria e, em segundo lugar, a gula. Em reportagens subsequentes sobre essa pesquisa, a lista dos pecados mortais foi tratada como uma espécie de piada. Pediu-se a alguns escritores e atores que comentassem os sete pecados e eles disseram que, francamente, não conseguiam perceber o que havia de errado com a maioria deles. "O que quer que você faça, se tiver orgulho, você nunca estará se rebaixando." "A raiva não é um pecado; é boa para 'lavar a alma'." "Preguiça é não fazer nada. Por que não fazer nada tem tão má reputação?" A atitude fundamental era "o que há de errado em ter um pouquinho de orgulho ou preguiça?" Em um mundo em que "evitar danos aos outros" é a regra moral predominante, os sete pecados mortais parecem ter-se tornado obsoletos.

Entretanto, examinando mais de perto essa pesquisa de opinião, é surpreendente verificar que as pessoas que consideraram a crueldade o pior dos pecados não percebem sua ligação com a ira, uma das fontes da crueldade, nem o elo entre o adultério e a luxúria. Hoje em dia, elas entendem que o erro e a maldade estão somente nos resultados das ações. O âmbito privado é meu e só meu e, nele, eu tenho o direito de fazer tudo o que eu quiser; na esfera pública, basta-me não fazer mal aos outros. Se forem entendidos apenas como condutas prejudiciais às outras pessoas, os sete pecados mortais de fato não nos dizem nada. Eles só se tornam relevantes quando se pensa neles como as principais tendências que impedem as pessoas de viver bem e que as motivam a realizar atos destrutivos. Em outras palavras, a relevância dos sete pecados mortais depende de sabermos que a consciência espiritual é uma dimensão crucial da vida humana e que, sem essa consciência, não existe felicidade. Os sete pecados mortais nunca foram entendidos como uma lista de atos condenáveis, mas como uma lista das atitudes interiores que dão origem a esses atos. Vistos por esse ângulo, os profundos ensinamentos a eles relacionados continuam nos desafiando a buscar um nível cada vez maior de sinceridade perante nossos pensamentos mais secretos.

## OITO PENSAMENTOS OU SETE PECADOS?

Este livro foi organizado em torno dos Oito Pensamentos de Cassiano, dos quais derivaram os sete pecados mortais. A passagem de uma lista para outra é significativa, e começou com o papa Gregório Magno, no século VI. Ele fora monge na abadia de Santo André, em Roma, e provavelmente conhecia a tradição monástica de Cassiano, mas queria divulgar um manual para os leigos e, assim, começou a trabalhar na lista de pensamentos de Cassiano. Nos séculos seguintes foram feitas novas revisões nessa lista, até se chegar à relação dos que são formalmente conhecidos como pecados capitais – *capital* significa cabeça, a origem de todos os nossos pecados –, coloquialmente chamados de pecados mortais.

O papa Gregório começou esse processo retirando da lista a acídia, pois ele a via como um problema que afetava principalmente os monges e as monjas. O desaparecimento da acídia do vocabulário cotidiano privou a cultura ocidental da possibilidade de dar nome a um importante aspecto da vida espiritual, a saber, a perda do entusiasmo pela própria vida espiritual. Embora esse termo tenha desaparecido, a realidade da indiferença espiritual tornou-se muito forte em nossa cultura.

## CONHECE-TE A TI MESMO

Essas listas de pensamentos ou pecados foram feitas para serem usadas pelas pessoas como referência para o desenvolvimento de seu autoconhecimento. Neste contexto, a expressão autoconhecimento tem um significado particular que precisa ser diferenciado de introspecção. Enquanto introspecção consiste simplesmente em olhar para dentro de si, autoconhecimento, no sentido de autoconsciência, implica estar ciente da própria interação com o mundo ao seu redor. A autoconsciência é a percepção de como me relaciono com as pessoas e as coisas. Em particular, envolve a compreensão de como os meus pontos de vista norteiam a maneira pela qual vejo o mundo e como isso o afeta. A vida vivida com autoconsciência não aceita a separação entre um mundo interior introspectivo e um mundo exterior público, onde ocorrem as ações. Para a pessoa autoconsciente, suas interações com o mundo incluem tanto as suas ideias como os seus atos. Essa abordagem se recusa a aceitar a crença moderna de que algo é bom desde que não cause dano aos outros. Meu mundo interior é um lugar em que posso fazer o bem ou o mal, não só a mim mesmo, mas aos outros também. O mero fato de eu estar com raiva, por exemplo, é ruim para mim e para aqueles que têm de interagir comigo: as vibrações da minha raiva afetam os outros, mesmo que eu nunca faça nada de mau. Assim, a autoconsciência implica a consciência do lugar que eu ocupo no mundo.

 Sem essa autoconsciência, a vida interior dos seres humanos os motivará a fazer coisas erradas. As leis e o policiamento por si sós não serão capazes de prevenir condutas publicamente prejudiciais, assim como de pouco adiantará dizer às pessoas, simplesmente, que é errado causar danos aos outros. Precisamos que as pessoas trabalhem mais sua

# ACÍDIA

autoconsciência e precisamos ensinar às crianças, desde bem pequenas, a fazer o mesmo. Se nossa intenção é proteger o meio ambiente, então pediremos às pessoas que contenham sua cobiça. Se quisermos reduzir a violência, ajudaremos as pessoas a controlar sua ira – e assim por diante. Precisamos capacitar cada um a viver de acordo com a disciplina da autoconsciência, não só em prol de sua felicidade pessoal, mas também da felicidade social.

Com isso, voltamos ao capítulo inicial deste livro. A percepção fundamental comum tanto aos antigos filósofos quanto a Jesus Cristo é que é necessária uma disciplina interior para os pensamentos. O único modo de evitar os atos maus e promover a felicidade consiste em ir além dos atos em si, alcançando o universo dos pensamentos, para domá-los. Esse perspicaz entendimento da mente humana foi apresentado por Jesus, com imagens fortes, em seu Sermão da Montanha (Mateus 5, 21-22; 27-28).

> Ouvistes o que foi dito aos antigos: *Não matarás*; aquele que matar terá de responder no tribunal. Eu, porém, vos digo: todo aquele que se encolerizar contra seu irmão terá de responder no tribunal.
>
> Ouvistes o que foi dito: *Não cometerás adultério*. Eu, porém, vos digo: todo aquele que olha para uma mulher com desejo libidinoso já cometeu adultério com ela em seu coração.

Ao dizer isso, Jesus não está simplesmente criando padrões altos demais, impossíveis de serem atingidos; está afirmando que a raiva e a luxúria são as origens do assassinato e do adultério, e que, portanto, é preciso manter essas emoções sob controle antes que seja tarde demais. Em nossa sociedade, parece que nos esquecemos dessa constatação tão básica.

## ACÍDIA: O PECADO MORTAL ESQUECIDO

Podemos descrever a situação da sociedade ocidental contemporânea dizendo que, catastroficamente, perdemos por completo a noção de que a autoconsciência é necessária, o que causou uma acídia generalizada.

Até a era moderna, a Igreja, e especialmente suas ordens religiosas, lembravam constantemente as pessoas comuns de quanto era necessário examinar a consciência todos os dias, refletindo profundamente sobre seu modo de vida. A Igreja oferecia uma série de exercícios, alguns mais simples, outros mais complexos, para permitir que pessoas de todos os tipos vivessem com autoconsciência. Na pior das hipóteses, isso provocava uma culpa inútil, que iremos examinar em detalhes em outra parte do livro. Na melhor delas, esses exercícios espirituais permitiam que as pessoas se mantivessem conscientes de si. Em sua maior parte, o povo europeu era ignorante, pobre e, às vezes, cruel, mas para todas as pessoas estava clara a importância do mundo interior de cada ser humano. Esse mundo interior foi o recurso que permitiu ao povo sobreviver aos horrores daqueles tempos.

O mundo interior do ser humano é um misto de forças racionais e irracionais. A resposta dos monges e dos antigos a esse mundo foi o exercício espiritual da razão, que se

◆

62

## ACÍDIA

baseava na reflexão diária sobre o que se passava nos recessos da alma. Desses exercícios nasciam as soluções para os desafios e as tentações da vida. Em nossa cultura, por outro lado, somos criados sem nenhuma formação espiritual explícita e sistemática, mas nos informam que, desde que não causemos mal aos outros, podemos fazer e pensar o que bem quisermos. Práticas espirituais, como a meditação, são consideradas atividades puramente opcionais, para uns poucos excêntricos, e, dessa maneira, somos sutilmente levados a deduzir que o esforço espiritual não vale a pena. Embora apreciemos a música com "alma" e condenemos os burocratas "sem alma", criamos uma cultura em que a indiferença espiritual prevalece e a disciplina da alma é ignorada. Esse estado de ânimo costuma ser acompanhado por comentários como: "Não tenho tempo para esse tipo de coisa". Mas essa falta de tempo quer dizer tanto que a pessoa não dispõe de horas suficientes no dia para se dedicar a essa prática como, também, que não tem interesse por ela.

Na lista dos Oito Pensamentos, a acídia vem em sexto lugar e, embora o nosso exame dos outros pensamentos os considere em sua ordem original, é ela o primeiro demônio a ser enfrentado aqui. A razão para essa reorganização é que a indiferença espiritual parece-me estar na base da maior parte da infelicidade registrada na cultura ocidental contemporânea. A palavra "acídia" não é mais usada, não porque sua realidade tenha se tornado obsoleta, mas porque paramos de dar atenção a esse fenômeno. Estamos ocupados demais para sermos espiritualmente conscientes de nós mesmos, e, assim, nossos filhos crescem em uma cultura que padece de acídia coletiva. A acídia está tão estabelecida que hoje se tornou parte da modernidade. Podemos traçar um paralelo com o mundo da medicina. Antes da descoberta dos germes, a higiene não era considerada essencial e, por isso, muitas mortes eram causadas por infecções que ninguém conseguia enxergar. Assim que a existência dos germes foi identificada, a higiene pessoal passou a ser rigorosa, e milhares de vidas foram salvas. De maneira análoga, a causa de boa parte da atual infelicidade não está à vista, mas continua presente. Nossos demônios são os pensamentos invisíveis que nos tornam infelizes, e, se quisermos curar essas doenças da alma, a higiene espiritual passa a ser tão necessária como a higiene médica. Entretanto, somos uma sociedade espiritualmente suja. Embora todos saibam que é preciso arranjar tempo para escovar os dentes, ir ao médico e fazer exercícios regularmente, não temos a mesma convicção quando se trata dos exercícios espirituais.

## ACÍDIA, MONGES E CASAIS

Até mesmo monges e monjas podem sentir a tentação de esquecer a vida espiritual. Em uma antiga coletânea de histórias sobre os Padres e Madres do Deserto, a primeira delas começa com uma surpreendente afirmação sobre o mais famoso de todos os monges: "Quando o santo Padre Antão vivia no deserto, foi atormentado pela acídia." Na parte final dessa mesma coletânea, Madre Sinclética ensina que "a acídia é repleta de zombaria". Nossa sociedade está "repleta da zombaria" daqueles que insistem na realidade da alma e em suas disciplinas essenciais, disciplinas que fo-

## ACÍDIA

ram preservadas quase que exclusivamente pelas melhores tradições religiosas do mundo, mas que se tornaram alvo de comentários desdenhosos, cada vez mais estridentes, por parte dos ateus.

Pode ser uma surpresa para os leigos saber que monges e monjas realmente são assediados pela ideia de que a espiritualidade não passa de perda de tempo. Não é difícil achar ridícula toda a proposta monástica, especialmente quando você vive dentro dela. Evidentemente, essa tentação não acomete os novos e entusiasmados candidatos à vida monástica, mas sim os que já passaram boa parte da vida nesse caminho, justamente aqueles de quem menos se poderia esperar algo assim. Minha experiência de abade me diz que o monge pode ser assoberbado pela exaustão espiritual, até chegar ao ponto em que começa a duvidar se vale mesmo a pena perseverar. Cresce a ideia de que essa espécie de vida já não é válida, de que há algo de errado com os companheiros e de que seria melhor fazer alguma outra coisa e não desperdiçar a vida. À medida que a disciplina da vida monástica vai se tornando desagradável, também, lentamente, vai se desgastando: há menos orações, menos autoconscientização e uma rejeição cada vez maior da vida comunitária. Junto a isso, frequentemente ocorre o impulso de trocar os exercícios espirituais por um número cada vez maior de atos de bondade. Falando por experiência própria, é especialmente difícil fazer um monge reconhecer que é isso que está acontecendo com ele, uma vez que ele também é influenciado pela noção cultural de que os resultados concretos são mais relevantes que quaisquer outras considerações. Este é um demônio sutil e insidioso, não só para a sociedade moderna, como também para os monges de hoje.

Ao contrário de outros pensamentos, como a gula e a luxúria, a acídia não é fácil de discernir. Segundo Cassiano, a primeira característica da acídia é que ela "deixa a pessoa horrorizada diante do ambiente em que se encontra... desdenhando e desprezando os irmãos por julgá-los indiferentes e sem espiritualidade". Inevitavelmente, esse monge então se torna preguiçoso e "se queixa e se lastima, e julga que, naquele lugar, está desolado e carente de ganhos espirituais". No fundo, essa primeira característica da apatia espiritual é uma sensação profunda de estar no lugar errado, rodeado pelas pessoas erradas, fazendo as coisas erradas.

Uma segunda característica decorre inevitavelmente da primeira. O monge conclui que irá perecer se continuar ali por mais tempo, e, então, sente que precisa ir embora e visitar lugares remotos, onde tudo será melhor. Esses dois aspectos – o desdém pelo que é familiar e o desejo de desistir de tudo – são a essência da acídia e parecem guardar alguma semelhança com o que a psicanálise moderna chama de crise da meia-idade.

Há certa semelhança entre esse processo e a experiência de casais já casados há alguns anos. O caso excessivamente comum do casamento estável e duradouro no qual um dos cônjuges sai de casa para ficar com outra pessoa costuma revelar traços nítidos de acídia. O marido ou a mulher começam a olhar o companheiro com "desdém", a considerá-lo "indiferente e sem espiritualidade". E, assim, passam a achar que devem partir em busca de uma pessoa melhor. A acídia do casamento pode ser uma provação difícil para o casal, e o simples fato de chamá-la por esse nome pode se revelar um proveitoso ponto de partida para o processo de levar o relacionamento a crescer e a superar esse patamar.

A tradição monástica identifica o demônio da acídia não tanto com uma fase da vida, mas mais com um momento do dia. O meio-dia é a hora em que a acídia se manifesta, o que explica seu apelido de "demônio do meio-dia". No meio do dia, o monge está exausto e faminto, como se tivesse trabalhado duro o dia inteiro, quando na realidade não fez nada disso. Então, olha para o sol e se convence de que ele está imóvel no céu. Em seguida, começa a se queixar de que nunca nenhum dos outros monges vem visitá-lo. Torna-se tão avesso à vida espiritual que anseia pela chegada de algum visitante ou do sono, como se fossem as únicas coisas que importassem. Como ninguém vem visitá-lo, é melhor ele ir visitar alguém. "Há parentes que devem ser cuidados: ele deve ir vê-los e cumprimentá-los mais amiúde; seria uma grande obra de misericórdia fazer visitas frequentes àquela piedosa senhora..."

Cassiano adota um estilo cômico para descrever, de modo cada vez mais detalhado, os motivos pelos quais o monge deve se afastar do mosteiro e ir a outros lugares para fazer o bem a toda espécie de necessitados. E conclui essa seção descrevendo como o monge pode substituir a perseverança interior por um movimento completamente exteriorizado. "E assim a alma infeliz... cria o hábito de encontrar consolo diante das investidas [da acídia] indo visitar um irmão, embora sua alma se torne ainda mais dolorosamente vulnerável pouco tempo após esse expediente ter sido usado como remédio paliativo."

Também nesse ponto encontramos alguns paralelos com a vida em família. Muitas pessoas mergulham no trabalho e são boas no que fazem, mas quando voltam para casa se veem às voltas com uma situação pessoal que têm dificuldade para encarar. O perigo está em que o trabalho duro ou até mesmo as boas obras se tornem analgésicos, que anestesiam os sintomas, mas deixam sem cura a doença em si. A identificação da acídia, esse pensamento tão contemporâneo, pode ser uma experiência libertadora, capaz de abrir um caminho para o futuro.

Então Cassiano é contra fazer o bem aos outros? De modo algum, mas ele quer que tenhamos cuidado com as nossas motivações. Se visitar freneticamente os outros é um "remédio" para a infelicidade que a pessoa sente quando fica em casa, ele diz que esse é um mecanismo de fuga. "A experiência comprova que um ataque de acídia não deve ser evitado fugindo-se dele, mas superando-o pela resistência." Para sermos felizes, teremos de aprender a encarar a acídia, em vez de apenas evitá-la.

## O REMÉDIO PARA A ACÍDIA

Acídia implica preencher meu espaço interior com qualquer coisa que não seja o desejo de reconhecer e superar os outros sete pensamentos. Temos um espaço interior, a nossa alma, que podemos ocupar com uma infinidade de distrações e mecanismos de fuga. Se conseguirmos remover alguns desses mecanismos, nossa autoconsciência aumentará de modo bastante natural. As intrigas e a curiosidade fútil são as duas coisas que mais devem ser evitadas; essas

# ACÍDIA

atividades desperdiçam nosso tempo e ainda nos distraem de conversas ou leituras mais generosas ou proveitosas. As revistas com notícias sobre celebridades são um bom exemplo disso: aparentemente, são inofensivas, mas representam uma completa perda de tempo e do nosso espaço interior. Sendo assim, pare de ler bobagens e ocupe o tempo de leitura com estudos espirituais. Esse é o primeiro remédio para a apatia espiritual: ler livros espirituais e refletir sobre o que eles dizem acerca de nossa vida. Um bom livro pode nos ajudar a manter nossa atenção concentrada no que importa, sem distrações. Na tradição monástica, confere-se lugar de honra à leitura orante da Bíblia; esse jeito de ler é chamado de *lectio divina*. É uma leitura lenta, que tem sido comparada a alimentar-se. Comece abocanhando as palavras, apenas lendo-as. Depois, mastigue-as, ou seja, repita-as diversas vezes, meditando sobre elas. Então, engula essas palavras em uma oração, para finalmente desfrutar do sabor delas em silenciosa contemplação. Essa leitura meditativa é um verdadeiro antídoto à acídia, e existem alguns esquemas modernos realmente maravilhosos que podem nos ajudar nesse sentido: desde grupos de leitura mensal da Bíblia até *podcasts* com meditações.

Além das fofocas, Cassiano salienta a inveja como outro mecanismo de fuga. A inveja nos faz parar de enfrentar os desafios da vida atual para viver em uma fantasia futura; trata-se de uma forma sutil de acídia. Queremos o que os outros têm e, dessa forma, não nos contentamos mais em aceitar o que temos e o que somos. É a inveja que põe em movimento grande parte da cultura de consumo, e a inveja consumista pode absorver a tal ponto nossos interesses que não deixa espaço para mais nada. O desejo espiritual é sufocado pelo canto de sereia das lojas. A fim de manter vivo o desejo espiritual diante da inveja, devemos retornar ao momento presente; e para viver o momento presente é preciso rezar.

A prece pode adotar muitas formas, mas, acima de tudo, deve ser disciplinada e perseverante, justamente as características que a acídia nos faz ver como sem sentido. Em poucas palavras, a prece monástica consiste em constituir um espaço e um tempo sagrados, nos quais nos alegramos com a bondade de Deus e nos arrependemos dos pensamentos que impedem a bondade em nossa vida. Por isso tente criar um espaço sagrado em sua casa, mesmo que seja algo bem simples, como um ícone; e, em algum momento do seu dia, reserve um tempo para visitar em silêncio esse espaço sagrado. Se tiver filhos pequenos, traga-os com você para que compartilhem desse momento especial. Alguns pais me dizem que as crianças são melhores que eles, pois estão sempre à espera desse momento de oração. Outros aproveitam o percurso de trem até o trabalho como um momento de leitura espiritual e prece; a regularidade do trajeto lhes assegura esse tempo sagrado. Assim, cada um de nós precisa encontrar um tempo e um espaço sagrados que se tornem tão normais em nossa vida quanto escovar os dentes.

Esse é o fundamento que nos ajuda a crescer em autoconsciência. A prece e as leituras espirituais ajudam-nos a identificar nossos demônios e, ao mesmo tempo, a contê-los. Quanto mais tempo dedicamos à meditação e à oração perseverantes, mais nos tornamos conscientes dos movimentos interiores de nosso ser como um todo, corpo, mente e alma. Nossa cultura insinua que a aceitação indulgente dos sete pecados mortais é o caminho para a felicidade: mais comida, mais coisas e mais sexo, temperados com agressão e vaidade, vão nos tornar felizes. Essa é a mensagem que nos atinge todos os dias. A boa notícia é que a maioria das pessoas sabe, no fundo do coração, que essa mensagem é uma mentira, mas muitas delas não têm meios para viver de outra maneira. Essa cultura espiritualmente indiferente não tem, no entanto, de comandar a nossa vida, e um dos propósitos deste livro é precisamente o de superar a acídia endêmica em nossa cultura.

Se a acídia é uma indiferença espiritual, podemos superá-la levando a sério os outros sete pensamentos e observando com sinceridade o modo como atuam em nossa vida. Começaremos por analisar de que maneira lidamos com os nossos pensamentos sobre a comida, algo essencial não somente para a vida física, mas também para a vida espiritual.

## SEGUNDO PENSAMENTO
## GULA

*... para que da terra ele tire o pão e o vinho,*
*que alegra o coração do homem*
Salmos 104, 14-15

Quando começaram a viver a vida simples no silencioso santuário do deserto, a primeira coisa que os padres e madres perceberam foi que a ideia de comer era uma das mais insistentes. Eles não ficariam admirados se soubessem que ela continua sendo uma preocupação constante para os seres humanos de hoje em dia, seja pensando em comer demais ou em comer de menos, seja se afligindo com o efeito que os alimentos terão em sua aparência física. A comida é tão fundamental quanto a vida em si e, embora o mundo civilizado não tenha a menor dificuldade para se alimentar, pensamentos contraditórios sobre o ato de comer tornaram-se uma fonte comum de infelicidade neste mundo de abundância. Controlar esses pensamentos é um passo crucial em nossa jornada espiritual.

### PARA COMEÇO DE CONVERSA

Conseguir alimentos nunca foi tão fácil quanto hoje; mesmo assim, a cultura ocidental sofre de dois males opostos relacionados à alimentação: comer demais – obesidade – ou comer de menos – anorexia –, assim como de outros distúrbios alimentares. Embora a comida seja material, seu consumo começa com um pensamento. Ocorre uma ideia: "Estou com vontade de tomar um café." Em geral, porém, não registramos esse pensamento. Simplesmente começamos a preparar o café e depois o bebemos. Assim, comer é uma atividade que envolve a cabeça, a vontade e o corpo, e a tradição monástica a considera ponto de partida para aprender a viver em um estado de atenção espiritual. Essa atenção é a capacidade que uma pessoa tem de estar ciente do que está pensando, decidindo e fazendo: uma consciência completa do que se passa em sua cabeça, no âmbito de sua vontade e em seu organismo; uma consciência que, após longos anos de vida monástica, acaba se tornando habitual e permanente. A atenção espiritual está no âmago da liberdade interior, que examinamos no capítulo precedente, e é uma parte crucial da tradição monástica da felicidade. O monge ou a monja devem se tornar cada vez mais conscientes de todos os aspectos da vida e, para tanto, devem começar por abordar de outra maneira os pensamentos e atos relativos a comer. O controle dos pensamentos sobre comida consolida o primeiríssimo passo no caminho da realização humana. Se não pudermos estar conscientes de algo tão simples como a comida, não teremos a menor condição de enfrentar demônios mais impetuosos e complexos, como a ira e o orgulho.

A própria Bíblia reflete esse fato em sua estrutura: a comida vem em primeiro lugar. Embora o relato da criação, presente no Gênesis, seja um ponto de partida óbvio para o livro sagrado, a primeira história bíblica em que os humanos aparecem como protagonistas é construída em torno do ato de comer. Deus diz a Adão: "Podes comer de todas as árvores do jardim. Mas da árvore do conhecimento do bem e do mal não comerás, porque no dia em que dela comeres terás que morrer" (Gênesis 2, 16-17). Adão e Eva são convencidos pela serpente a ignorar esse mandamento e comem o fruto proibido. A argumentação da serpente consiste em afirmar que Deus os enganou: "Mas Deus sabe que, no dia em que dele comerdes, vossos olhos se abrirão e sereis como deuses, versados no bem e no mal" (Gênesis 3, 4-5).

A estrutura desse episódio é importante: em primeiro lugar, são apresentados às pessoas o jeito certo e o jeito errado de comer. Depois aparece uma força demoníaca que as aconselha a ignorar esse comando, alegando tratar-se de uma distinção errônea; finalmente, alguém come do jeito errado e sofre graves consequências. Embora o pecado básico de Adão e Eva seja o pecado do orgulho, não obstante, eles o praticam comendo. O processo que os leva a comer do jeito errado é o mesmo que ainda podemos testemunhar hoje em dia, não somente em matéria de alimentação, mas em toda a gama de atividades humanas em que as pessoas são convencidas a pensar, erroneamente, que suas escolhas e decisões não terão consequências: acumular grandes quantidades de bens de consumo, sair incessantemente em busca de diversão a fim de afastar o tédio, obcecar-se pela fama. Todas essas atividades aparentemente inócuas instigam os demônios da cobiça, da apatia espiritual e da vaidade, o que não faz bem nenhum à alma. Sem sombra de dúvida, Adão e Eva disseram sobre o fruto proibido o mesmo que atualmente todos dizem a respeito desses pensamentos e atos: que mal podem fazer? A argumentação da serpente ainda surte um poderoso efeito na vida das pessoas de hoje.

No outro extremo da Bíblia, a questão da comida assinala o início do ministério ativo de Jesus. Quando Jesus, no momento de seu batismo, ouviu uma voz do céu falando com ele, e foi conduzido ao deserto pelo Espírito, foi ali que se deu conta de que teria um papel único na proclamação do vindouro Reino de Deus. O aspecto ímpar desse acontecimento foi Jesus ter percebido que o Reino viria de maneira oculta *antes* de se manifestar em poder e glória: viria primeiro por meio dos fracos e dos pobres, do amor e do perdão. Ou, em outras palavras: para Jesus, o poder e a glória de Deus viriam no amor e no perdão, e ele viveu fiel a essa convicção até o fim, inclusive em sua crucificação e ressurreição – eventos que seus discípulos acreditaram marcar o advento definitivo do Reino de Deus.

A relação entre todos esses acontecimentos e as nossas reflexões sobre a comida está no fato de que Jesus chegou a essas constatações enquanto rezava e jejuava no deserto, depois de ter sido batizado por seu primo, João Batista. A consciência de si mesmo, que Jesus alcançou pelo jejum, foi um pano de fundo essencial para sua oração e seu discernimento. Suas tentações no deserto surgiram ao final de quarenta dias de jejum, "quando então sentiu fome", como Marcos e Lucas nos dizem. Assim é que a primeira tentação diabólica vem a Jesus na forma do demônio da comida, que diz: "Se és o Filho de Deus, ordena a estas pedras que se transformem em pães." Cassiano reflete que, depois de ter ludibriado o primeiro Adão com comida, o diabo tenta o mesmo truque com Jesus, o segundo Adão. Dessa vez, porém, o diabo não tem êxito. Acontece o mesmo com a tentação da cobiça, quando o diabo promete a Jesus toda a riqueza das nações, e, depois, com a tentação do orgulho, quando ele convida Jesus a se atirar do pináculo do templo. Cassiano salienta que cada um dos demônios que teve êxito com Adão falhou nas mesmas tentativas com Jesus.

Assim como o alimento tem um papel central no início do ministério de Jesus, também é essencial na conclusão de seu ministério, entre seus discípulos, quando Jesus partilha com eles a última ceia. Esse alimento, porém, não é somente uma conclusão: é também um novo começo, uma vez que Jesus escolhe a comida como o meio pelo qual seus seguidores deverão se lembrar dele no futuro. "Enquanto comiam, Jesus tomou um pão e, tendo-o abençoado, partiu-o e, distribuindo-o aos discípulos, disse: 'Tomai e comei, isto é o meu corpo.' Depois, tomou um cálice e, dando graças, deu-lho dizendo: 'Bebei dele todos, pois isto é o meu sangue, o sangue da Aliança, que é derramado por muitos para remissão dos pecados'" (Mateus 26, 26-28). Esses atos de comer e beber constituem até os dias de hoje o rito central da adoração e rememoração cristã. Como São Paulo disse, "todas as vezes, pois, que comeis desse pão e bebeis desse cálice, anunciais a morte do Senhor até que ele venha" (I Coríntios 11, 26).

COMO ENCONTRAR A FELICIDADE

O MEIO-TERMO FELIZ

Então, para começar nossa caminhada, como devemos tratar nossos pensamentos sobre comida? Segundo Cassiano, "é antigo o ditado que diz que os extremos se encontram. O extremo jejum acarreta o mesmo resultado que comer em excesso". Comer em excesso hoje é o mesmo que antigamente, e, embora jejuar exageradamente não seja equivalente a ter um distúrbio alimentar, as duas coisas têm algo em comum. O comentário de Cassiano sobre os extremos vem de uma série de palestras que ele ministrou sobre o tema da prudência, conhecida tradicionalmente como a mãe de todas as virtudes. A prudência permite que as pessoas encontrem o meio-termo feliz, aquele ponto de equilíbrio entre os extremos, especialmente necessário quando se trata de comida, pois nossos pensamentos e demônios estão sempre nos tentando a adotar atitudes extremas.

Às vezes, as mulheres têm experiências diferentes dos homens quando se trata de pensamentos sobre comida, por isso é interessante ouvir a opinião de uma Madre do Deserto. Madre Sinclética comenta que "existe um jejum que é imposto pelo diabo e seus discípulos o colocam em prática. Então, como distinguir entre a ascese divina e a tirania dos demônios? Evidentemente, pela qualidade do equilíbrio. Usa sempre uma única regra de jejum. Não jejues durante quatro ou cinco dias e depois quebres o jejum com quantidade desmedida de comida. Em verdade, a falta de proporção sempre corrompe".

A tradição monástica valoriza o jejum como um passo crucial rumo à realização espiritual, mas o jejum monástico

# GULA

não significa morrer de fome. Comer com moderação e somente em horários estipulados é a maneira monástica de jejuar, que tem como objetivo impedir que os pensamentos sobre comida dominem a nossa vida. O jejum monástico inclui períodos mais intensos de redução de alimentos, como a Quaresma, mas nunca a ponto de permitir que os pensamentos alimentares *aumentem* em vez de *diminuir*. A obsessão por comida pode ter por objeto tanto se empanturrar como se matar de fome, ou ainda passar de um extremo a outro. Quando refletimos sobre nossos pensamentos relativos à alimentação, devemos tentar descobrir um jeito de passar menos tempo pensando em comida e simplesmente desfrutando de refeições modestas e regulares.

Para que esse jejum possa se sustentar ao longo da vida inteira, Cassiano convida o monge a comer nos horários certos e a ingerir o que lhe for oferecido, gostando ou não: "Devemos nos manter atentos para que o desejo de mimar o corpo não nos induza a desvios nocivos, nem nos estimule a comer antes do momento determinado ou em quantidade superior à que nos é destinada. Do mesmo modo, devemos aceitar beber e dormir somente nos momentos certos, mesmo que isso nos seja desagradável." Naturalmente, pressupõe-se aí uma estruturação para o dia do monge, incluindo as refeições em horários determinados; pressupõe-se também que ele já tenha aprendido, pelo menos em certa medida, a comer com prudência.

## O JEJUM

Sob esse aspecto, a vida monástica contrasta totalmente com a cultura moderna das lanchonetes de *fast-food*, ou comida rápida, e também com o hábito de fazer as refeições às pressas mesmo em nossa própria casa. O jejum monástico é contra a alimentação rápida. O fato de que comer é uma necessidade humana é reconhecido tanto pela tradição monástica quanto pela moderna cultura da alimentação. Mas a semelhança entre ambas acaba aí. A cultura do *fast--food* nos tenta a consumir alimentos incessantemente; em casa, as refeições feitas às pressas nos convidam a nos servir sem nos importar com mais ninguém. Ambas tendem a ser atividades impulsivas, realizadas sem muita reflexão. A tradição monástica, por outro lado, quer que estejamos conscientes tanto ao comer como ao não comer, escolhendo deliberadamente as duas situações. Essa consciência da alimentação e do jejum implica diversos fatores. O primeiro deles é que cada um de nós precisa saber que comer é uma atividade significativa na vida. Assim, precisamos dedicar alguns momentos a pensar sobre o modo como lidamos com ela. Comemos demais ou de menos? Ou oscilamos entre esses dois extremos? A alimentação para nós é um simples reabastecimento de estoques? Para facilitar as respostas, apresentamos a seguir algumas ideias monásticas.

A questão de qual quantidade de comida não é demais nem de menos foi frequentemente levantada pelos monges e monjas do deserto. A resposta de Cassiano é que todo dia o monge deve comer duas côdeas de pão, cada qual pesando em torno de meio quilo. Isso é muito pão, e Cassiano compara essa proposta com a frugal dieta de frutas e hortaliças que alguns monges tentavam adotar. No deserto não havia muitas frutas e legumes e a carne era rara. Como Cassiano não queria que seus monges sentissem fome depois de terem comido nos horários determinados, meio quilo de pão duas vezes ao dia certamente atingiria esse objetivo, ainda que de forma não muito saudável pelos padrões modernos.

Como de hábito, São Bento retoma a estrita tradição do deserto para adaptá-la. Começa dizendo que seria melhor se abster de regular a quantidade de comida que os outros devem ingerir, porque, salienta, as necessidades de alimento variam de pessoa para pessoa. Entretanto, como é forçado a fazer isso, diz que a principal refeição comunitária do dia deve incluir dois pratos cozidos, entre os quais se deverá escolher, de modo que o monge possa encontrar o alimento mais condizente com suas preferências. Tal como na maioria das tradições ascéticas, Bento diz que os monges também devem se abster da carne de animais quadrúpedes, então podemos presumir que as outras carnes são aceitáveis, talvez por serem mais baratas, mais leves e menos favoráveis a induzir excessos à mesa. O objetivo de tudo isso é garantir que nenhum monge termine a refeição sentindo fome. O perigo desse regime alimentar generoso, conforme Bento salienta, é que, inadvertidamente, o monge pode comer demais. Em outro de seus momentos muito humanos, ele recomenda: "... afastar antes de mais nada os excessos de comida, de modo que nunca sobrevenha ao monge a indigestão" (RB 39:7), embora em uma versão anterior a mesma frase latina seja traduzida para a memorável expressão: "Não é digno do monge ser surpreendido por um mal-estar após exceder-se à mesa."

Além disso, se após a refeição o monge pedir algo que já recusou enquanto comia, ele não será atendido. Para Bento, comer não é um gozo ou um regalo, mas um dever e um ato de obediência; sendo assim, comer o que é oferecido, quando é oferecido, não só atende aos interesses individuais como também é um ato altruísta. Os que vivem em mosteiros sabem que permitir que outra pessoa escolha nossos alimentos, dia após dia, mesmo em se tratando de uma comida decente, implica uma considerável disciplina de espírito. Na realidade, nós simplesmente vamos em frente e comemos, deixando de lado os pensamentos que nos fariam desejar algo mais saboroso: justamente o que Bento recomenda.

Ele também quer que a refeição comum seja feita em grupo, em silêncio, enquanto um monge lê e outros servem os comensais. Aqui alcançamos o cerne de uma abordagem profunda do ato de se alimentar, segundo a qual a refeição compartilhada é muito mais que mera comida. Essa prática monástica associa a alimentação contemplativa ao ouvir e ao servir. Nas famílias podem ser adotados os mesmos princípios para as refeições comuns, e grupos de amigos ou estudantes podem, às vezes, uma vez por semana, por exemplo, partilhar uma refeição para promover sua amizade e celebrar seus valores. A refeição em grupo é um repositório de muitos ideais importantes.

## FESTAS

A tradição monástica, assim como toda a tradição católica, valoriza as refeições em comum como parte da celebração de eventos especiais na vida da Igreja. O dia de festa ainda tem um papel significativo na cultura católica. O consumo de alimentos especiais quando das celebrações é um impulso humano para o qual os monges e as monjas têm contribuído generosamente ao longo dos séculos, seja com o preparo de um bom vinho ou de queijos de qualidade. Além disso, os monges farmacêuticos vêm fornecendo, há séculos, remédios à base de ervas para todos os tipos de doenças. Há muito tempo também os monges acreditam que certos tipos de comida podem curar vários transtornos de saúde.

A comida também integra outro valor monástico essencial: a hospitalidade. Cassiano recomenda que o monge guarde um pouco de pão até o meio da tarde, para o caso de alguma visita chegar; assim, ele terá o que dividir com a pessoa. Bento cria um setor especial dentro do mosteiro, a casa de hóspedes, como uma unidade exclusiva para receber visitantes, inclusive com uma cozinha à parte. As regras habituais aplicadas à alimentação podem ser atenuadas a fim de que o abade possa partilhar uma refeição com o hóspede. Desse modo, a hospitalidade é um princípio que deve afetar a maneira como organizamos nossa alimentação; devemos sempre reservar espaço para o visitante inesperado em nossos preparativos alimentares, pois, nas palavras de São Bento, na pessoa desse hóspede, o próprio Cristo é recebido. No âmbito dessa noção de hospitalidade, enxergamos nitidamente como nossos preparativos envolvendo a comida podem conter a percepção da presença do outro, especialmente de alguém que esteja precisando comer. Um episódio ocorrido no deserto – não com um dos santos padres, mas com um pai de família de nossa época – ilustra esse ponto.

O Egito dos dias de hoje é um local em que a antiga tradição do deserto continua surpreendentemente viva, como um monge beneditino norte-americano, Irmão Mark Gruber, comprovou na década de 1980. Ele foi ao Egito a fim de realizar pesquisas para sua tese de doutorado em antropologia, cujo tema era o povo copta egípcio. Para tanto, teve de ir até os mosteiros coptas do Alto Egito, visitando também o vale do baixo Nilo, onde ainda se encontram antigos eremitérios e mosteiros dos séculos IV e V. Lá entrou em contato com a tradição do deserto em sua forma mais primitiva, antes de ter sido adaptada à cultura europeia por São Bento. Ele conheceu não só os monges do deserto, mas também os nômades, com sua notável tradição de hospitalidade, refletida em tantas histórias da Bíblia. Um dia, quando o irmão Mark estava pesquisando no deserto, seu jipe quebrou e ele teve que partir a pé em busca de ajuda. Acabou encontrando um acampamento de beduínos. Ali, os beduínos não só lavaram as mãos e os pés dele com sua preciosa água como também insistiram para que ele comesse. O pão que lhe deram era o típico pão dos nômades, assado em grandes quantidades quando eles estão perto de alguma nascente de água; o pão fica com uma crosta dura e grossa que serve para preservá-lo. Assim que é partido, sob o calor do deserto, o pão resseca rapidamente, e por isso a côdea inteira deve ser comida. Enquanto o Irmão Mark estava comendo a primeira, o patriarca dos ocupantes da tenda partiu uma segunda. O Irmão Mark agradeceu e mordiscou uns pedacinhos, dizendo que estava satisfeito, e perguntou se agora o beduíno poderia ajudá-lo a consertar o jipe. Foi partida a terceira côdea e insistiram para que ele comesse. Ele se obrigou a engolir o terceiro pão e deu pequenas dentadas no quarto pedaço, queixando-se de não conseguir mais comer. "Quando meus protestos se tornaram ainda mais insistentes e audíveis", relembra o Irmão Mark, "o chefe da família fez uma coisa realmente incrível! Pegou todos os pães que estavam na minha frente, no chão – o pão de sua família inteira –, e partiu-os um por um bem na minha cara. Foi um gesto inconfundível. Ele queria que eu soubesse que não havia *nada* que ele não repartiria comigo. Tudo o que era dele estava à minha disposição." A maneira como as pessoas lidam com a comida não só é um bom barômetro de seu mundo interior como também uma prova de sua generosidade para com os outros. A hospitalidade generosa proporciona felicidade não só para o visitante, mas também para o anfitrião. Ingerir uma boa comida é um prazer, mas compartilhar boa comida com convidados é um deleite. Aqui, vemos como a comida pode ser usada para acrescentar à vida a excelência da virtude, de tal sorte que a felicidade aconteça em uma dimensão que está além do prazer.

## TUDO É CONSUMIDO

A consciência monástica da alimentação envolve, portanto, uma revisão não apenas da dieta, mas de toda a nossa maneira de lidar com os alimentos. Precisamos compreender que essa abordagem é um aspecto fundamental de nossa vida espiritual. Em seguida, precisamos garantir que haja alimentos em quantidade e variedade suficientes para nos impedir de sentir fome, sempre, porém, evitando excessos. A tradição monástica nos convida a comer somente nos horários certos e diz que devemos aceitar o alimento que recebemos das mãos das outras pessoas, seja ele qual for. Por fim, diz que devemos oferecer alimento aos outros, quer servindo-os à mesa, quer como um aspecto de nossa hospitalidade com quem nos visita. Para pôr isso em prática em nossa vida diária, precisamos tomar algumas decisões de modo muito consciente. A tradição de dar graças antes das refeições é uma maneira simples de desenvolver nossa consciência a respeito do que e como comemos. Opor-se a essa conscientização é a plataforma de uma indústria alimentar que estimula fortemente o consumismo, atraindo-nos na direção contrária à tradição monástica de alimentação.

O processo de consumo é aquele por meio do qual as coisas são transformadas em mercadorias. Vamos tomar como exemplo um produto como a farinha de trigo. Em uma sociedade não consumidora, como a Inglaterra agrícola anterior ao século XVIII, as pessoas colhiam o trigo que plantavam e ou o vendiam diretamente no mercado local ou o levavam ao moleiro mais próximo para transformá-lo em farinha, a qual, então, venderiam a algum mercador ou guardariam para consumo próprio. Hoje em dia, porém, o trigo de um país é vendido a um atacadista de outro país, depois para uma indústria que o transforma em farinha, depois para outro industrial que faz pão, que será empacotado por outro fabricante ainda. Finalmente, é vendido a um consumidor que agora está muito longe do produtor original. O ponto de venda final na rede varejista, normalmente um supermercado ou uma rede de *fast-food*, pressiona o comprador potencial para que ele compre cada vez mais.

Esse é o tipo de sociedade de consumo que domina a moderna cultura ocidental.

Tornou-se lugar-comum condenar esse sistema por alguns de seus métodos de intensificação da produção. Entretanto, considerado independentemente desses métodos, o sistema em si me parece ter algum mérito, porque efetivamente ajudou a erradicar a fome no mundo desenvolvido. As populações de baixa renda têm acesso a comida mais barata e em maior quantidade, e a cadeia de abastecimento é regular; como resultado, melhorou a qualidade da saúde pública.

De uma perspectiva monástica, por outro lado, o principal defeito desse sistema está em sua tendência a abolir a consciência do que e de como se come. A comida é vendida como um produto de gratificação rápida, e não como o combustível necessário a uma vida de espiritualidade. As crianças são especialmente vulneráveis a isso, sobretudo por causa das técnicas de *marketing* que associam aos alimentos poderosas imagens veiculadas nos meios de comunicação de massa: brinquedos plásticos de personagens do cinema que vêm como brinde em caixas de cereais matinais, lanchonetes de *fast-food* que vendem sanduíches com nomes tirados de filmes, doces e confeitos estrategicamente localizados nos caixas, instigando as crianças a atormentar os pais até que eles comprem o que não querem.

Naturalmente, um dos aspectos mais espantosos da indústria do consumo de nossa sociedade é sua extraordinária capacidade de transformar em objeto consumível até mesmo aqueles que a criticam. Um exemplo simbólico desse movimento ocorreu em 1997, por ocasião da comemoração do 150º aniversário de publicação do Manifesto Comunista. Uma rede de livrarias agiu rapidamente e produziu exemplares do texto em uma edição especial, que foram colocados em grandes pilhas e vendidos a baixo custo. Outrora considerado inimigo pelas grandes empresas, o próprio Marx foi, enfim, transformando em um negócio lucrativo.

Aconteceu o mesmo com a indústria dos alimentos: a preocupação com muitos alimentos que provocam obesidade causou uma avalanche de produtos *light*. As queixas contra alguns métodos de produção agrícola levaram a uma explosão de formas de cultivo orgânico. A compaixão por pobres plantadores de café de países em desenvolvimento que não têm como obter bons preços para seus produtos instigou o movimento intitulado "Fair Trade" [Negócio justo], o qual, por sua vez, levou os supermercados a produzirem seu próprio café nesses mesmos moldes. Em outras palavras, a indústria do alimento é capaz de absorver as críticas e transformá-las em vantagens mercadológicas.

Desconfio, no entanto, que a crítica monástica seja a que mais tempo resistirá a uma transformação desse teor pelas malhas da indústria. Ser consciente, evitar comer por impulso, decidir comer o suficiente, mas nunca mais do que o necessário, sempre ter em mente que as outras pessoas fazem parte da nossa experiência alimentar: eis alguns passos difíceis para as pessoas de nosso moderno mundo consumista. Mas ao enfrentar esses pensamentos sobre a alimentação, damos início à nossa jornada rumo à realização, porque o desenvolvimento dessa habilidade nos ajudará a enfrentar os outros demônios que tentam atrapalhar nossa busca da felicidade.

# TERCEIRO PENSAMENTO
# LUXÚRIA

*Felicidade e amor me seguirão todos
os dias da minha vida*
Salmos 23, 6

## TRIVIAL

A busca da felicidade pode ser desconcertante. Apesar de toda a sabedoria que pessoas esclarecidas, e mesmo iluminadas, têm proposto ao longo de muitos séculos, permanece a incômoda desconfiança de que a felicidade é algo muito simples e básico. Nem mesmo toda a sofisticação da civilização romana conseguiu mudar a maneira decididamente descomplicada de alguns romanos de entender o que é a felicidade. Em nenhum lugar isso ficou demonstrado de modo mais cabal que nas paredes de uma padaria da cidade destruída de Pompeia. Em meio a todos os refinados esplendores daquela grandiosa cidade, a frase *hic habitat felicitas* ("aqui mora a felicidade") encontra-se entalhada em torno de um simples esboço de um pênis ereto.

Os Padres e Madres do Deserto encaravam o sexo de modo igualmente descomplicado. Embora não pensassem que o sexo fosse o caminho para a felicidade, sabiam muito bem que lidar com a sexualidade era um passo crucial nesse sentido. Alguns textos de João Cassiano sobre sexo são tão explícitos que os ingleses da era vitoriana não souberam o que fazer com esse material. Seus conselhos para os monges que tinham fantasias noturnas e sonhos orgásticos eram a tal ponto esmiuçados que os tradutores de seus textos, no século XIX, deixaram essas passagens em latim; esses trechos só conheceram versões em inglês por volta de 1980 (embora tenham sido traduzidos para o francês muito antes disso).

Os primeiros monges e monjas não alimentavam ilusões a respeito do sexo. Reconheciam que se trata do mais poderoso e insidioso dos pensamentos, o demônio que os atacava com mais violência. Porém, não o consideravam o pensamento mais letal, reservando esse título para os dois últimos demônios, o orgulho e a vaidade, que frequentemente se mantêm ocultos aos olhos daquele que está em suas garras, o que os torna ainda mais perigosos. Já a pessoa que experimenta pensamentos de teor sexual, ao contrário, em geral está muito ciente do que está sentindo. Assim, quando trabalhamos para dominar nossos pensamentos sobre sexo, podemos nos inspirar nos Padres do Deserto: todas as pessoas têm pensamentos sexuais, e um dos objetivos da tradição monástica é nos ajudar a direcioná-los, em vez de sermos direcionados por eles, tornando-nos capazes de nos libertar do domínio que eles poderiam exercer em nossa vida. A questão aqui é nos livrar de pensamentos sexuais que possam nos levar a atos destrutivos: pessoas boas podem destruir seus relacionamentos pela infidelidade conjugal; podemos destruir nossa integridade pelas obsessões sexuais; e a sedução provocada pelo interesse sexual de outra pessoa pode pôr em risco o nosso bem-estar. Sendo assim, compreender a nossa própria sexualidade e conter o demônio sexual que pode se apoderar de nós é um passo essencial na busca da felicidade.

Antes de lermos o que os monges dizem a esse respeito, vamos refletir um pouco sobre algumas das atitudes contemporâneas relativas ao sexo. No Reino Unido, a segunda metade do século XX assistiu à disponibilização irrestrita de métodos artificiais de contracepção e ao concomitante desaparecimento da moralidade sexual cristã, que, até então, era a norma. Em conjunto, essas duas mudanças levaram a uma maneira inteiramente nova de entender a sexualidade. Desvinculado do propósito da procriação e, até mesmo, de sua associação com relacionamentos estáveis, o sexo assumiu diferentes significados: passou a haver sexo por amor, por diversão, para procriação, no casamento, em uniões envolvendo pessoas do mesmo sexo... Nessa área da vida, talvez mais do que em qualquer outra, as pessoas hoje exigem completa liberdade de escolha.

Como já vimos, a liberdade pode ter muitos significados. Infelizmente, o significado da liberdade sexual nos dias de hoje é frequentemente reduzido a uma questão de licenciosidade. Para muitos, liberdade sexual é fazer sexo como e quando quiser. Essa atitude geralmente acarreta efeitos perturbadores, em especial na vida dos jovens. A idade da primeira experiência sexual completa caiu de 20 anos para os homens e 21 para as mulheres, na década de 1950, para 16 anos, para ambos, em meados dos anos 1990. O deslocamento da primeira atividade sexual séria do ambiente adulto para o cenário escolar, em tão pouco tempo, é um fato espantoso. Um dos resultados disso é que, atualmente, as instituições sociais estão desnorteadas, tentando impor limites à atividade sexual de jovens adolescentes e, para isso, recorrendo a uma diversidade de medidas contraditórias: há aquelas que oferecem mais informações sobre sexo, enquanto outras defendem a abstinência; um grupo defende mais facilidades para o aborto legal e outro o repudia frontalmente; algumas autoridades querem reduzir a idade mínima para a atividade sexual consensual e outras, elevá-la.

É nesse contexto que vivemos hoje a nossa sexualidade, e é nesse âmbito que vamos nos inteirar da sabedoria do deserto a respeito dos pensamentos sexuais. A impressão que se tem é que as atitudes contemporâneas e as dos monges do deserto em relação à sexualidade estão a anos-luz umas das outras. No entanto, os Padres e Madres do Deserto viveram na época do declínio do Império Romano, notória por seus excessos sexuais. As escolhas que fizeram não tiveram como pano de fundo o panorama da modéstia vitoriana, mas uma cultura em que, a julgar por aquele afresco em Pompeia, a sexualidade não conhecia inibições. Portanto, os ensinamentos que esses primeiros monges e monjas podem nos transmitir surgem em um ambiente cujo clima sexual guarda várias semelhanças com o que conhecemos hoje em dia. As lições que se oferecem aqui foram dadas por pessoas íntegras, que tinham uma visão muito trivial da sexualidade e que encaravam a integridade sexual da ótica da luta pela preservação da castidade. Como se conservar fiel em um relacionamento sexual é um problema espinhoso para todas as gerações e, como veremos a seguir, quando a castidade é adequadamente compreendida, ela ainda é um ingrediente vital para a fidelidade sexual.

◆

LUXÚRIA

## DIFERENTES TIPOS DE SEXO, DIFERENTES TIPOS DE CASTIDADE

Os Padres e Madres do Deserto perceberam, antes de mais nada, que há três tipos de atividade sexual: a que envolve outra pessoa, a autoestimulação e os pensamentos sexuais. A pessoa pode ser dominada por qualquer um deles e os Padres do Deserto não se surpreendiam com o poder de cada um desses tipos e de todos eles. Para conseguir se libertar da dominação exercida por esses demônios, os Padres e Madres do Deserto recorriam a um método baseado em uma ciência do corpo humano que já não compartilhamos, mas suas percepções psicológicas e espirituais ainda são valiosas. Os Padres e Madres do Deserto, apoiados no conhecimento disponível em seu tempo, pensavam que, dada a proximidade entre os órgãos sexuais e o estômago, os excessos alimentares estimulavam a atividade sexual. Portanto, associavam a abstinência sexual ao jejum. Embora essa fisiologia possa estar errada, a psicologia que a acompanha ainda funciona. Tomar consciência do que e de como comemos, questão que exploramos no capítulo anterior, é um bom primeiro passo rumo à tomada de consciência da própria sexualidade. A comida e a bebida são, muitas vezes, os prelúdios prediletos à atividade sexual. Lembremos de alguns clichês, como o da festa anual de fim de ano do escritório, em que comes e bebes são servidos em abundância e após a qual costumam surgir acusações de assédio sexual; ou o da lamentável relação sexual sem compromisso, que envolve os parceiros uma única vez e sempre é explicada como resultado de

♦

93

muito álcool. As situações contemporâneas corroboram o entendimento monástico de que existe uma ligação entre o descontrole no comer e beber e a perda do controle sexual. A consciência da alimentação é, portanto, um bom introito ao modo como os Padres do Deserto encaravam os pensamentos sexuais. Embora eles tenham escolhido o caminho monástico do celibato, sua atitude pode ajudar a pessoa que deseja controlar os pensamentos sexuais que a perturbam. Certas pessoas dizem que seus pensamentos sexuais não as perturbam; pelo contrário, afirmam que esses pensamentos lhes são agradáveis. A tradição do deserto nos propõe o desafio de aumentar nossa consciência a respeito do teor de nossos pensamentos sexuais. Da mesma maneira como somos convidados a examinar nossos pensamentos sobre comida, por exemplo, a fim de conter a tendência a "beliscar" compulsivamente, também somos convidados a cogitar se é ou não saudável nos entregar aos pensamentos sexuais. Neste ponto, cabe esclarecer o sentido do adjetivo "saudável": os Padres e Madres do Deserto não se preocupavam com a obesidade ou com doenças sexualmente transmissíveis, por mais que esses problemas sejam relevantes hoje em dia. O que importava para eles era a saúde espiritual, ou seja, saber como evitar entregar-se a pensamentos que impedem o processo de edificação da alma e o desenvolvimento da virtude. Assim como precisamos estar espiritualmente atentos ao modo como lidamos com a comida, devemos estar atentos à nossa conduta sexual, aprimorando a consciência não só do estilo de vida exterior, mas também do nosso mundo interior.

Estabelecido esse ponto de partida, o passo seguinte consiste em tomar consciência das escolhas que podemos fazer a respeito da atividade sexual. A sexualidade leva a pessoa a fazer escolhas em três áreas de sua vida: a atividade sexual, a condição sexual e a integridade sexual.

Quanto à atividade sexual, podemos escolher quer a abstinência, que significa nenhuma atividade genital, quer a atividade propriamente dita. Essa escolha não é permanente e pode variar com o tempo. Por exemplo, depois de descobrir ser soropositiva, uma pessoa até então sexualmente ativa pode tomar a decisão de interromper todo tipo de contato sexual.

A segunda escolha se refere à condição sexual. Podemos escolher entre permanecer solteiros, casar ou abraçar o celibato (quer dizer, comprometer-se para sempre com a condição de solteiro). A parceria civil vitalícia também se tornou comum nas últimas décadas e, embora a tradição cristã não reconheça oficialmente essa condição, ela não deixa de ser uma opção sexual adotada por um número cada vez maior de pessoas.

A terceira e última escolha diz respeito à castidade, mas antes quero elucidar o significado dessa palavra. Para o monge ou a monja, celibato é o compromisso vitalício de viver sem um parceiro sexual. Às vezes, o termo castidade é usado exatamente no mesmo sentido, o que pode causar confusão, mas essa palavra pode ter uma acepção mais ampla, que adotamos aqui. Nessa acepção, ser casto quer dizer viver com integridade a condição sexual escolhida – permanecendo fiel ao cônjuge, por exemplo. Tanto para os casados como para os solteiros, é muito grande a tentação de esquecer a castidade. Essa virtude pode ser colocada em prática por todas as pessoas, não apenas por quem se comprometeu com o celibato vitalício; mas, como virtude, a castidade leva tempo para se desenvolver até se tornar uma disposição habitual do coração e da mente. Infelizmente, os costumes sociais e as práticas comerciais da cultura ocidental não incentivam o desenvolvimento da virtude da castidade, e, embora celebrem o fim da repressão sexual, muitas pessoas começam agora a se perguntar como foi que se permitiu também o desaparecimento de toda uma tradição de autodisciplina sexual.

As escolhas que fazemos nas três áreas, envolvendo a atividade, a condição e a integridade sexual, estão interligadas. Por exemplo, um casal unido em matrimônio pode adotar um regime temporário de abstinência sexual, ou isso pode ser-lhe imposto por uma eventual enfermidade. A distinção entre essas três áreas de opção torna mais claro o desafio da tradição do deserto. Os Padres do Deserto escolhiam a abstinência em relação à atividade sexual, o celibato como condição sexual, e aspiravam a se tornar castos. A mais importante das três é a última escolha, a opção pela castidade, e é nela que todos podem imitar os Padres e Madres do Deserto. Segundo a tradição cristã e a de todas as religiões clássicas do mundo, a meta da verdadeira realização sexual humana é a castidade, a fidelidade ao caminho escolhido.

É óbvio que a tradição monástica lida basicamente com os celibatários, as pessoas que assumem o compromisso vitalício de não ter um parceiro sexual. Esse compromisso é muito difícil de ser compreendido pela cultura ocidental da atualidade. Em um mundo caracterizado pela liberdade sexual sem precedentes, podemos até resolver ficar solteiros por algum tempo, mas por que uma pessoa sã decidiria ser celibatária a vida toda? O impacto dessa indagação aumenta, sem dúvida, diante dos terríveis casos de abuso de menores cometidos por membros do clero, recentemente denunciados pela imprensa mundial. Esses homens deram um triste exemplo de falha no controle de seus pensamentos sexuais e de como um sistema escandalosamente inadequado de gestão e responsabilização foi incapaz de reconhecer o perigo terrível que eles representavam para as crianças vitimadas. Em minha opinião, o fracasso desses homens como celibatários não invalida o celibato, nem desautoriza os ensinamentos monásticos sobre a sexualidade. Pelo contrário, esse horrível capítulo da história recente da Igreja reforça o meu desejo de compreender como os Padres e Madres do Deserto, na qualidade de pioneiros do celibato cristão, compreendiam e viviam o dia a dia dessa exigente vocação de uma maneira que conquistou a abismada aprovação de seus contemporâneos, tanto entre os cidadãos comuns como entre alguns líderes políticos. Na realidade, foi justamente essa admiração que levou à obrigação do celibato como condição sexual dos sacerdotes.

A Igreja Católica decidiu que os padres ocidentais estão obrigados a ser celibatários (a menos que sejam membros convertidos do clero de outras Igrejas). Embora o celibato seja essencial à vida monástica, não faz parte da definição da vida sacerdotal. Há muitos motivos para o sacerdócio celibatário, mas aqui o ponto importante é simplesmente entender que existe uma diferença entre a disciplina do celibato imposta aos padres e a natureza essencial do celibato para os monges e monjas.

Então, retomando a questão de por que alguém decide ser celibatário, a resposta é: por amor. Somente o amor é forte o suficiente para sustentar uma pessoa ao longo de toda uma vida de celibato. O amor pelo chamado de Deus para ser monge ou monja, o amor pelo chamado de Deus para servir às pessoas como celibatário e o amor de Deus que sentimos quando respondemos a esse chamado. O termo "monge" deriva de *monachos*, que significa "um sozinho" ("monarca" vem da mesma raiz); assim, o monge é celibatário por definição. Após minha difícil experiência como noviço, comecei a sentir um verdadeiro amor pela maneira monástica de viver. Adoro ser monge, adoro nossas orações e nossa vida comunitária e adoro as oportunidades de servir aos outros que me são constantemente oferecidas. Ser celibatário é uma parte essencial dessa vida. Embora tudo o que eu faço possa ser feito por pessoas casadas, mesmo assim, o celibato acrescenta uma qualidade peculiar ao modo como realizo minhas atividades. Para resumir, essas atividades são tudo o que eu tenho; não disponho de uma família ou de uma relação de intimidade sexual à qual possa recorrer. No fundo, ser celibatário não é simplesmente um lembrete de que dependo unicamente de Deus; é realmente viver em função dessa dependência total. É por isso que os monges e monjas devem averiguar constantemente se não estão buscando sua realização fora do âmbito da vida de celibato e, desse modo, maculando o amor radical de Deus que os sustenta.

 Esse amor nos inspira, como celibatários, a enfrentar os desafios concretíssimos dos pensamentos sexuais e, com isso, a encontrar prazer em nossa tradição monástica. Acredito que o mesmo se aplique àqueles que não são monges nem monjas. Os casados querem manter a integridade de seu relacionamento, e o amor os torna fortes diante de todas as tentações de infidelidade que porventura atravessem seu caminho. Os solteiros, especialmente quando jovens, também precisam encontrar uma motivação amorosa para enveredar pelo caminho da castidade. Talvez o primeiro amor que devemos sentir seja um saudável autorrespeito e um desejo verdadeiro de não fazer nada que possa diminuir o conceito que temos de nós mesmos: "Ama teu próximo como a ti mesmo" implica que amamos a nós mesmos, ou seja, que temos noção de nosso valor aos olhos de Deus. Digo "aos olhos de Deus" porque, muitas vezes, as pessoas têm uma opinião muito baixa de si próprias. Por exemplo, se você pedir a um grupo de pessoas – especialmente um grupo de jovens, pelo menos na minha experiência – que faça uma lista de seus defeitos, elas vão produzir uma longa relação. Se lhes pedir que anotem suas virtudes, ficarão olhando para a folha em branco durante muito tempo antes de escrever qualquer coisa. A sensação de que Deus nos ama é importante para termos uma autoestima saudável, que pode estar associada à verdadeira humildade: sabemos que erramos, mas o amor de Deus nos ampara.

A esse saudável autoconceito podem ser acrescentados o amor pela comunidade à qual pertencemos e o respeito – não o medo – por suas ideias e percepções sobre relacionamentos, sexo e casamento, o respeito pela possibilidade de que os limites tradicionais à atividade sexual tenham algo de positivo a nos oferecer. Naturalmente, esse contexto pressupõe uma família saudável e um passado equilibrado dentro da comunidade, algo que parece cada vez mais raro em nossa sociedade tão diversificada, que exibe atualmente uma vasta gama de modelos de família, desde os casamentos por obrigação até a licenciosidade sexual. Tal diversidade de realidades negativas não deve, porém, nos fazer perder de vista os muitos benefícios contidos na sabedoria tradicional sobre relacionamentos e casamento.

Inspirada pelo amor, então, a tradição monástica propõe certas disciplinas à pessoa que deseja viver a liberdade da castidade (seja essa pessoa solteira, casada ou celibatária). Algumas disciplinas destinam-se apenas aos celibatários, mas há muitas coisas que podem ser úteis a todos. Embora possam contradizer algumas opiniões contemporâneas, são apresentadas aqui como um complemento aos muitos ensinamentos úteis oferecidos pelas ciências comportamentais.

## ENCARANDO O DEMÔNIO

No início de sua discussão sobre a castidade, Cassiano pergunta se o desejo sexual pode ser completamente abolido. Essa pergunta não costuma ocorrer à maioria das pessoas hoje em dia. Elas até podem querer que o desejo sexual seja contido, mas jamais cogitariam que devesse ser totalmente eliminado. Entretanto, a resposta de Cassiano não diz respeito somente à extinção do desejo sexual, mas também ao seu regramento. Logo, solteiros, casados e celibatários, todos podem aprender com suas palavras. Embora ele escrevesse para celibatários, o que vem a seguir pode ser útil a todos os interessados na questão da castidade como fidelidade à condição sexual escolhida.

Cassiano afirma que a eliminação do desejo sexual é possível; entretanto, por mais que a pessoa se empenhe, a castidade perfeita, no fim das contas, é uma dádiva de Deus. Cassiano salienta em particular quanto o monge é responsável por suas próprias fantasias sexuais noturnas acompanhadas de excitação e ejaculação, e inclui nessa discussão os efeitos de uma bexiga cheia e da recordação de excitações passadas. Conclui dizendo que os monges devem reconhecer que essas coisas não são obstáculos à prece, mas, sim, estímulos a orações ainda mais fervorosas. Segundo ele, é por esse motivo que o desejo sexual nos faz bem: leva-nos a constatar que somos dependentes de Deus e, por isso, obriga-nos a ser mais fiéis aos ensinamentos de Cristo em nossa vida e em nossas orações. Assim, a constatação de que não podemos ser castos a não ser pela graça de Deus tem um duplo efeito: tornamo-nos, ao mesmo tempo, mais zelosos na busca de uma vida virtuosa e mais fervorosos na devoção a Deus. Em uma comparação que hoje pode nos deixar chocados, Cassiano diz que os eunucos não são enérgicos na busca da virtude porque se acreditam isentos de ameaças à castidade, e cita uma passagem dos Provérbios segundo a qual a pessoa que sofre trabalha por si mesma e, assim, forçosamente, impede a própria ruína. Portanto, o sofrimento causado pela falta de castidade é um bom incentivo ao aumento da virtude e da fé. Ou seja, embora a tradição do deserto afirme que o desejo sexual precisa ser contido ou até mesmo abolido, também afirma que isso nos faz bem. Um curto episódio envolvendo uma Madre

◆

101

do Deserto ilustra esse ponto. Relata-se que Madre Sara, durante treze anos, combateu o demônio da fornicação. Em momento algum ela rezou pedindo que essa luta tivesse fim; apenas dizia: "Ó Deus, dai-me forças."

Cassiano, à guisa de sugestão prática, propunha uma técnica que ajudaria a alcançar a castidade perfeita: se deixarmos de lado as conversas inúteis, renunciarmos à raiva e às preocupações materiais, comermos com simplicidade e dormirmos quatro horas por noite (lembremos que o calor do deserto em geral significava levantar cedo e fazer a sesta), e se acreditarmos que somente Deus, e não os nossos esforços, pode nos conceder essa dádiva, então, em seis meses saberemos que a castidade não é impossível. Repare que ele não diz que após seis meses seremos completamente castos, mas que saberemos que esse estado é possível para nós.

Um dos métodos essenciais para lidar com essa questão é a tradição do deserto de revelar os pensamentos, não apenas os de teor sexual, mas todos os pensamentos e demônios que nos tentam. O monge simplesmente relata a outro monge, em geral mais velho e mais sábio, todos os pensamentos que atravessam sua mente. A função desse irmão mais velho é ouvir, não aconselhar. Em outras palavras, o propósito do exercício é o simples ato de traduzir os pensamentos em palavras; não se trata de psicanálise. Era um dito comum entre os Padres do Deserto que os demônios amam mais que tudo os pensamentos não revelados. Essa prática ancestral de compartilhar os pensamentos viria a se tornar, alguns séculos mais tarde, o exercício da Confissão dos católicos, atualmente chamado de Sacramento da Reconciliação. Aqui nos encontramos de novo com os Doze Passos dos Alcoólicos Anônimos: o Passo 4 se refere a um destemido inventário moral e o Passo 5 consiste em admitir a natureza exata de nossas falhas, não só perante nós mesmos e perante Deus, mas também perante outra pessoa. Em relação aos pensamentos e atos sexuais, esse processo não é fácil. Na sociedade secular, em que a Confissão é desconhecida, a quem posso revelar meus pensamentos sexuais? Naturalmente, os terapeutas e conselheiros são uma opção, mas a maioria das pessoas quer somente alguém que as ouça. Acerca disso, foram realizados recentemente alguns estudos interessantes. Durante o Festival de Edimburgo, em 2007, por exemplo, os sacerdotes católicos ofereceram a Confissão "nas vias públicas" a quem quisesse lhes falar, e não apenas aos católicos buscando a absolvição de seus pecados. Centenas de pessoas se apresentaram para usufruir desse serviço.

Há também a história de um Padre do Deserto que foi além de apenas ouvir e deu a alguém um conselho ruim. Certo dia, um jovem monge procurou esse irmão mais velho para confessar seus pensamentos: "Estou obcecado por pensamentos sexuais", disse o jovem, e em seguida começou a descrevê-los. O mais velho ficou horrorizado e não se furtou a dizê-lo, acrescentando que qualquer um que tivesse pensamentos tão terríveis não estava apto a ser monge. Então, o irmão mais jovem partiu muito triste, decidido a sair do mosteiro. Outro monge que o encontrou, em pleno estado de abatimento, perguntou-lhe qual era o seu problema. O jovem disse que estava deixando o mosteiro e explicou por quê. Seu interlocutor ficou arrasado com a reação do monge mais velho e rezou para que, naquela noite, o Senhor enviasse àquele irmão o demônio da luxúria. Assim fez o Senhor, e o velho monge viu-se sufocado de tanto desejo sexual. Compreendendo que estava sendo punido por ter-se apressado a julgar o irmão mais novo, na manhã seguinte ele foi rapidamente ao encontro do jovem para pedir a ele que o perdoasse, implorando que não fosse embora.

Além de ouvir, o pai espiritual com quem o monge compartilhava seus pensamentos poderia também lhe oferecer alguma palavra ou trecho da Bíblia; essa é a origem da expressão "viver pela Palavra". O texto bíblico era apresentado da mesma forma como, hoje em dia, o médico passa uma receita ao paciente: depois de ouvir a descrição dos sintomas, o médico da alma oferece o remédio que cura, uma palavra de Deus que o monge pode usar dia a dia para cuidar de sua saúde espiritual. Isso faz parte de viver com a mente e o coração vigilantes para não perder a consciência da própria condição; repete-se a frase sagrada para que a mente se mantenha focada nas escolhas que queremos fazer.

Outro passo do caminho rumo à castidade consiste em perceber a aproximação do pensamento e adotar uma ação evasiva. Geralmente esse processo é descrito como "esmagar o pensamento na rocha de Cristo". Na Bíblia, um dos salmos menos agradáveis é o de número 137, em que os judeus exilados sentam-se às margens dos rios da Babilônia e choram com saudades do Sião. Tomados de raiva por seu sofrimento, desejam que os bebês de seus captores sejam esmagados contra as rochas. Essa palavra violenta

## LUXÚRIA

tinha de ter um significado cristão para os Padres do Deserto, porque eles acreditavam que a Bíblia inteira tinha valor. Então, entenderam esse trecho como uma metáfora segundo a qual os bebês seriam as sementes dos maus pensamentos e Cristo seria a rocha na qual esmagá-los e destruí-los. Essa imagem não é moderna nem sedutora, mas, de todo modo, nos mostra a chocante seriedade com que podemos tanto cultivar como destruir os pensamentos que nos ocorrem. Podemos aprender a disciplina mental de nos afastar deles fazendo uma oração, saindo para caminhar ou apenas encontrando alguma coisa para fazer. A atividade que os monges mais apreciavam para derrotar os demônios era a hospitalidade, ou seja, um ato de amor dedicado a outra pessoa.

### AMAR A CASTIDADE

Para os leitores modernos, a castidade perfeita parece um projeto repugnante e assustador em vez de inspirador e desejável, o que põe em evidência um ponto interessante: será que de fato *queremos* ser completamente castos? Em sua *Regra*, São Bento menciona a castidade em uma só ocasião, quando diz simplesmente "ama a castidade". Participei uma vez de um seminário para abades nos Estados Unidos em que o monge que conduzia o encontro tratou da questão dizendo apenas: "Por favor, todos aqueles que amam a castidade levantem a mão." Se ele tivesse dito "todos aqueles que amam a comida, a arte ou a beleza", todos teríamos imediatamente erguido a mão, mas quando ele inesperadamente nos perguntou se amávamos a castidade, todos hesitamos. Penso que raramente consideramos a castidade algo a ser amado; em vez disso, a entendemos como um fardo. Se pudermos redescobrir a castidade como um privilégio ao qual aspirar e uma dádiva a ser buscada, vai se tornar inteiramente diferente o contexto de nossa tentativa de alcançá-la. Embora o sexo possa ser manifestação de amor, também pode ser sinal de egoísmo. A castidade, ao contrário, é sempre amor: ser fiel aos votos matrimoniais de amar apenas o cônjuge; observar com fidelidade o voto de celibato feito por amor ao chamado de Cristo para se tornar monge ou monja. Essas atitudes contribuem para o desejo mais fundamental da tradição monástica: o desejo de alcançar a pureza de coração. Os puros de coração veem Deus, e os ataques mais persistentes à pureza do coração vêm dos pensamentos sexuais. Mas, por mais persistentes que sejam, esses pensamentos não são tão letais como os demônios da alma – o orgulho e a vaidade.

Os três primeiros pensamentos materiais têm origem nas irrupções emocionais que chamamos de gula, luxúria e cobiça. A tradição do deserto proporciona meios para sustentarmos a nossa liberdade de espírito durante esses momentos de excitação em que o corpo se sente tentado a abdicar da autopercepção, da consciência e da integridade. Para finalizar, então, em nossa busca da liberdade espiritual examinaremos o último dos pensamentos materiais: a cobiça.

## QUARTO PENSAMENTO
## COBIÇA

*Minha felicidade não está em nenhum
destes demônios da terra*
Salmos 16, 3

Dos três primeiros pensamentos dos Padres e Madres do Deserto que se referem ao lado material da vida, analisamos dois – a gula e a luxúria – cuja origem está dentro do corpo; são anseios corporais internos. Já a cobiça, o último tipo de pensamento material, tradicionalmente chamado de avareza, diz respeito ao que nos pressiona de fora, quer dizer, a atração por dinheiro e coisas. Como Cassiano observou, a cobiça não é um desejo natural, interno, como a vontade de comer ou de fazer sexo, ela invade nosso corpo gradativamente, e tem efeitos mais extensos e desastrosos do que a gula e a luxúria.

Esses efeitos de largo e longo alcance atingem tanto a pessoa como o grupo ao qual ela pertence. Uma característica marcante de muitos livros de autoajuda é que eles só tratam da felicidade pessoal, ignorando a felicidade da comunidade. Neste capítulo, quero apresentar alguns passos monásticos destinados a lidar não apenas com a cobiça pessoal, mas também com a cobiça do grupo. Ao adotar essas medidas, estamos contribuindo não apenas para a nossa própria felicidade, mas também para a felicidade de outras pessoas.

## A COBIÇA EM NOSSA CULTURA

A cobiça está no cerne de muitos problemas políticos e sociais contemporâneos. As indústrias, geradoras de riqueza em nossa cultura, são responsáveis por poluir continuamente o meio ambiente. Mas não queremos de modo algum pagar o preço de restringi-las ou aboli-las. O modo de vida dos países desenvolvidos exige que usemos os recursos naturais dos países pobres, pagando o menos possível por isso. Evitamos pagar o que é justo e, por isso, os agricultores pobres continuam na pobreza. Nossas instituições financeiras acabaram se emaranhando em uma teia tão complexa de empréstimos a países pobres que estes, agora, amargam dívidas imensas para com os países ricos. A cobiça generalizada alimentou o pesadelo da dívida do Terceiro Mundo. Estamos presos a uma cultura que acarretou grandes benefícios para muita gente por meio da industrialização e da globalização, mas também temos consciência de que esses benefícios tiveram um custo terrível – financeiramente, até muito baixo, mas, do ponto de vista ambiental, elevado demais. Nossa cultura é baseada na cobiça; nem o comunismo nem o capitalismo conseguiram contornar as consequências disso.

Embora a maioria das pessoas admita prontamente suas culpas referentes à alimentação e ao sexo, costumamos ver a cobiça mais como um problema dos outros do que como nosso. Para nós é fácil identificá-la nos milionários e em seus gastos extravagantes, nos executivos de grandes empresas, com seus exorbitantes bônus anuais, ou nos políticos corruptos que aceitam suborno. Pensamos que todos os que têm muita cobiça são ou corruptos ou ricos, ou, o que é mais provável, as duas coisas, e como eu não sou nem corrupto nem rico, logicamente também não tenho cobiça. Quando pensamos desse modo, evitamos encarar a nossa própria avidez. Não percebemos que a cobiça não é um evento do tipo tudo ou nada. Como pensamento, ela se dispõe em um espectro que vai de fraco a forte, mas afeta todos nós. É uma influência sutil e constantemente presente em todas as decisões que tomamos a respeito das coisas materiais. A felicidade da comunidade e a felicidade individual dependem de nossa capacidade de reconhecer e domar a cobiça.

A maioria das pessoas se surpreende quando descobre que a cobiça foi um problema para os Padres e Madres do Deserto. Afinal de contas, esses monges e monjas tinham deliberadamente decidido abrir mão de todos os seus bens materiais, que, no caso de alguns deles, correspondia a uma considerável fortuna. Entretanto, mesmo aqueles que escolheram ser pobres ainda tinham de lutar contra o pensamento de querer mais, da mesma maneira que os que escolhem ser ricos costumam ser levados pelo desejo demoníaco de ser ainda mais ricos. A cobiça está na constituição de cada um de nós, ricos ou pobres, quer tenhamos decidido levar uma vida frugal, quer estejamos empenhados em construir uma vida luxuosa.

Ao longo destes trinta anos em que trabalho como professor, espanta-me como tem aumentado a quantidade de bens materiais considerados normais para um adolescente. Além de uma roupa mais cara, como um terno, a coisa mais valiosa que um adolescente tinha há trinta anos era um relógio. Hoje, além deste, acrescentam-se o praticamente indispensável telefone celular, o MP3 "que todo o mundo tem" e o *laptop*, cada vez mais comum. Naturalmente isso não se aplica no caso dos excluídos pela pobreza, mas, embora o número de pessoas vivendo na pobreza na Grã-Bretanha tenha aumentado ao longo das últimas três décadas, também cresceu a riqueza da maioria dos que não são pobres. As razões que explicam esse padrão econômico nos levariam a uma discussão política que ultrapassa o escopo deste livro, mas os canais pelos quais a crescente riqueza tem escoado constituem um tópico pertinente para a questão da cobiça. Assim, comecemos por compreender como a cobiça atua em geral; e então estaremos mais aptos a enxergar sua influência nas culturas de consumo.

## MONGES ÁVIDOS

Todos entendemos espontaneamente como a gula e a luxúria funcionam, mas precisamos de um pouco de ajuda para entender a cobiça. Descrevendo como a cobiça opera na vida do monge, Cassiano diz que ela começa com pensamentos aparentemente inócuos. Segundo ele, o primeiro pensamento a passar pela cabeça do monge é que "o alimento que o mosteiro fornece não é suficiente e mal consegue sustentar um corpo sadio e robusto". Essa ideia se desenvolve: "O monge reflete sobre o que ele poderia fazer para conseguir pelo menos um centavo." Quando consegue obter dinheiro, ele "então é seduzido pela preocupação ainda mais séria de o que comprar com esse dinheiro e de como duplicá-lo". Simplesmente pensar em como duplicar a quantia de um centavo pode ser um sinal de cobiça que nos perturba. O estágio seguinte é sentir decepção com o modo como as coisas acontecem no mosteiro; então, o monge não consegue mais aguentar a situação. Ele se queixa e diz que, se não sair logo de onde vive, "não demorará a morrer". E começa a procurar desculpas para sair do mosteiro.

O monge que acumula dinheiro e posses, mesmo que em pequenas quantidades, se coloca à margem da comunidade e dali passa a observar o que acontece, pronto a achar uma desculpa para partir. Sua partida se torna, assim, uma profecia que se sabe de antemão realizada, porque ele se queixa de que os outros recebem mais do que ele e que está sendo tratado como um estranho. Vai ficando com cada vez mais raiva e exige ter cada vez mais, inclusive o que nunca teve antes. Cassiano recorda os vilões bíblicos que servem de exemplo desse processo, em especial, Judas Iscariotes, que roubou dos pobres e traiu Jesus por trinta moedas de prata.

A imagem, então, é a de um monge que se deixa arrastar para longe de seu verdadeiro ambiente, atraído pelos ímãs do dinheiro e dos bens. No entanto, também é verdade que a atração magnética pelas coisas é algo que pode ser desativado dentro de nós. Ao contrário da atração por comida e sexo, inerente à condição humana, a atração por dinheiro não é inevitável, e pode ser recusada. Muito mais que os outros dois pensamentos – a gula e a luxúria –, a cobiça começa na mente. Por isso a maneira pela qual o monge constrói a história de que suas reais necessidades não estão sendo atendidas é um prelúdio à sua busca de dinheiro. A semente da cobiça é essa história, e não algum impulso ou ânsia natural à qual ele não consegue resistir. A origem da cobiça está na história que contamos para nós mesmos.

Do mesmo modo, o resultado da cobiça não é um excesso ao qual acabamos por nos entregar: não é como uma embriaguez ou indigestão, cujos efeitos passam em pouco tempo; tampouco se trata de uma atividade sexual ilícita, que também tem seu ponto final. Ao contrário, a consequência da cobiça consiste em o monge deixar completamente a vida monástica, seja no plano psicológico, com queixas incessantes enquanto está no mosteiro, seja fisicamente, indo embora em busca de alguma coisa que lhe pareça melhor.

Não surpreende que São Bento diga que a propriedade privada é um "vício" e insista que "especialmente este vício deva ser cortado do mosteiro pela raiz" (RB 33:1). Resistir ao demônio do dinheiro e das posses é, em grande medida, uma luta mental. O monge deve acreditar que aquilo que o mosteiro lhe fornece é o bastante. Por isso após o capítulo sobre "possuir alguma coisa de próprio", São Bento apresenta outro que diz: "Todos devem receber igualmente o necessário" (RB 34). É o oposto da propriedade privada: cabe ao abade garantir que as necessidades legítimas de cada um sejam atendidas. Está meio confuso no próprio original. Vou fazer nova tradução: "É o oposto da propriedade privada: cabe ao abade garantir que as necessidades legítimas de cada um sejam atendidas."

COBIÇA

"E, assim, todos os membros da comunidade estarão em paz [...] Antes de tudo, que não surja o mal da murmuração em qualquer palavra ou atitude, seja qual for a causa" (RB 34:5-6). Essa proibição de São Bento não é supérflua; ele enxerga na murmuração o germe do vício, especialmente o vício da cobiça. Por isso deve haver no mosteiro um equilíbrio entre a garantia – oferecida pelo abade – de que todos tenham o que precisam e a tendência dos monges a imaginar que precisam de mais.

O que depreendemos desses relatos é a seriedade com que a cobiça foi examinada pelos fundadores da tradição monástica. As duas noções básicas mencionadas por eles podem ser prontamente aplicadas à vida dos leigos hoje em dia. A primeira é que a cobiça se origina na imagem mental que fazemos de nossa vida e necessidades. E a segunda é que, se construímos uma imagem mental errada, ela se torna uma fonte potencial de desintegração não só da nossa vida, mas também da vida comunitária. Munidos dessas diretrizes monásticas sobre como a cobiça efetivamente age, podemos agora reexaminar a cultura do consumo.

CONSUMINDO FELICIDADE

As pessoas que vivem na sociedade ocidental contemporânea têm provavelmente mais bens materiais que as de qualquer outra cultura da história. Poucas páginas atrás citamos a segmentação da cadeia de produção de alimentos em uma sequência que inclui o beneficiamento, a embalagem, o transporte, a divulgação e a venda de um produto, culminando na sua aquisição em um supermercado ou lan-

◆

113

chonete. Entre o produtor do alimento e a pessoa que o consome existe agora uma relação complexa e distante. Podemos dizer o mesmo sobre a maioria das coisas que compramos hoje em dia. Tudo se tornou um item de consumo. Em si, esse fato não é negativo e, em parte, é responsável por uma melhor qualidade de vida no mundo desenvolvido. O problema está na maneira como o ciclo se instala em nossas vidas. Quando temos mais, queremos mais. Em especial, a cultura de consumo tenta nos convencer de que ter mais coisas quer dizer ser mais feliz: o *marketing* em que se apoia a cultura de consumo está relacionado sempre à ideia de mais, nunca à ideia de menos.

A cultura ocidental está saturada de bens. Os indivíduos e as famílias economicamente estáveis, que constituem a maioria da população dos países desenvolvidos, têm mais coisas do que realmente necessitam. Embora possam ser persuadidos a comprar mais versões ou versões diferentes do que já têm, o mercado reconhece essa saturação material e, sendo assim, a tendência atual do consumismo é vender não só objetos, mas também cultura. Depois de ter saturado o mundo de bens materiais, o consumismo agora está se apoderando de nossa necessidade de bens culturais, como música, entretenimento e, até mesmo, princípios morais. A *Disney Corporation* é um exemplo clássico disso. Essa empresa vende histórias em centenas de formatos: filmes para cinema, DVDs, livros, roupas temáticas, parques temáticos, canais de TV. Essas coisas são materiais, mas as pessoas estão comprando basicamente histórias, as histórias que constituem a cultura da Disney.

## COBIÇA

As histórias da Disney transmitem mensagens morais de toda espécie, como a de que o bem triunfa sobre o mal, mas não são essas histórias que importam quando se trata de ativar minha cobiça. O que atinge minha cobiça é a "história" de que a Disney é educativa e útil, por isso precisamos continuar comprando seus produtos, para podermos ser uma família boa e feliz. A mensagem por trás de cada filme e cada livro, de cada parque temático e camiseta, é que o mundo dos nossos filhos precisa da Disney. Por isso é indispensável que eles vejam o próximo lançamento da Disney nos cinemas e ganhem o DVD do filme como presente de aniversário. Eles serão mais felizes se tiverem a experiência completa da Disney. E milhares de famílias no mundo todo aceitam essa mensagem não explicitada, peregrinando em bandos cada vez maiores até a Disneylândia. Essa é a nova romaria que as crianças anseiam fazer, um rito de passagem para o sentido da vida segundo a Disney. Antes a moral e o sentido da vida estavam disponíveis gratuitamente, como parte de nosso legado cultural, hoje, porém, as empresas os vendem a nós na forma de produtos.

No entanto, não são apenas os vendedores de historinhas morais que vendem cultura; até os fabricantes de produtos estritamente materiais estão aderindo à iniciativa de vender significados. O modo como um produto é anunciado hoje nos informa não apenas do prazer material que ele proporciona, mas também de sua finalidade moral mais ampla. Este suco de laranja não só faz bem à saúde enquanto mata a sede: ele também põe o consumidor novamente em contato com a natureza. Estes tênis não só permitem que o atleta corra mais rápido, como ampliam o âmbito de suas conquistas na vida. Muitas marcas hoje se apresentam ligadas a outras dimensões que não somente a material. Afirmam oferecer liberdade de espírito como seu diferencial, mas na realidade o que estão tentando criar é o vício de consumir. A marca esportiva Nike chega a ter em seu *site* uma seção chamada "Galeria dos viciados", em que os adeptos da corrida podem postar comentários, como este, de alguém chamado Raul: "Estou à mercê de um propósito superior." No videoclipe que acompanha a mensagem, vemos Raul correndo, usando um *kit* Nike completo, e ouvimos seu comentário: "Me liguei em um propósito superior: sair deste mundo e voltar mudado. Sou viciado." O que a Disney é para as crianças, a Nike é para os adultos: por intermédio de sua marca, ela proporciona às pessoas um "propósito superior". As empresas até podem se parabenizar por se considerarem servas de um propósito superior, mas basicamente tudo isso não passa de uma exploração comercial da espiritualidade. Uma mensagem como "Estou à mercê de um propósito superior", usada para fins mercadológicos, surte um efeito corrosivo em nosso entendimento da identidade pessoal e em nossa noção do sagrado. Até nossa alma se tornou agora um produto de consumo, e o *marketing* está destruindo a imaginação espiritual das pessoas. Diferentemente da gula e da luxúria, a cobiça, antes de ser um vício do corpo, é um vício da imaginação e da mente. Assim, a Disney, a Nike e outras megaempresas agora habitam a nossa imaginação, justamente o local em que é gerada a cobiça, cuja semente, uma vez plantada, pode nos transformar em seres interminavelmente ávidos. E é exatamente isso o que as empresas estão fazendo.

COBIÇA

## RESISTINDO À CULTURA DA COBIÇA

Vivemos então em uma cultura em que comprar é um comportamento virtuoso, e cuja motivação subjacente é a cobiça. Como superar essas forças culturais avassaladoras e recuperar a pureza de coração que tanto desejamos? Antes de tudo, devemos reconhecer que, assim como alguma forma de cobiça sempre estará viva em nossos corações, a cultura do consumo continuará a ser o meio em que vivemos, ainda que estejamos tentando mudá-la. Será preciso fazer compras no supermercado e nossos filhos terão de comprar tênis. Os monges também continuarão a ler jornais e a usar computadores, a andar de carro e a ser tentados pelos últimos lançamentos. No entanto, isso não precisa eliminar completamente nossa liberdade de espírito, e há algumas formas simples de resistir às investidas da cultura do consumo que pretende se apossar da nossa vida.

Uma vez por ano, na Quaresma, nós, beneditinos ingleses, temos o costume de redigir o que chamamos de "atestado de pobreza". Fazemos um inventário de tudo o que possuímos para nosso uso pessoal e entregamos o relatório ao abade. Trata-se de um exercício muito revelador, que nos permite indagar: preciso mesmo de tudo isso? Sigo a seguinte regra prática: se não usei alguma coisa nos últimos doze meses, desde o último atestado, provavelmente não necessitarei mais disso, e então a entrego para doação. Recomendo o mesmo a todos; além de ser uma maneira maravilhosa de aumentar sua consciência a respeito dos bens materiais que você possui, esse exercício gera uma forte sensação de liberdade e você talvez se surpreenda ao descobrir de quantas coisas não precisa.

A descoberta de coisas que possuímos e das quais não precisamos nos convida a refletir sobre produtos com nomes como "Indulgence"* (na Inglaterra, marca de um sabonete de luxo, de um tipo de chocolate e de uma operadora de turismo) e chamadas publicitárias de produtos para cabelo que dizem "porque você merece". Podemos perceber que essas mensagens traem sua própria consciência de que os produtos que elas promovem não são realmente necessários; não obstante, com essas palavras, elas dizem sutilmente que, mesmo não sendo necessários, tais produtos nos tornarão felizes. Elas, na verdade, insinuam que, se somos infelizes, é disso que precisamos para sentir aquela injeção de ânimo. De fato, muitas pessoas acham que se entregar a certos deleites é uma maneira de neutralizar sua infelicidade. Essas atitudes, na melhor das hipóteses, têm um efeito de curta duração e, na pior, agravam o problema. Assim que reconhecemos as manobras do *marketing*, fica mais fácil enxergar que essas coisas não são realmente necessárias, que a felicidade tem outra origem e que o uso desses produtos pode ser dispensado sem problema.

Voltando às crianças, precisamos trabalhar bastante para assegurar que elas não fiquem inteiramente à mercê de interesses comerciais. Podemos fazer isso oferecendo aos nossos filhos histórias não comerciais, baseadas em nossas tradições religiosas, locais e étnicas. Podemos incentivar a

...............
\* Termo de difícil tradução, que pode significar "prazer, gozo, deleite"; "abandono, entrega"; "satisfação, saciedade". A ideia principal é a de um deleite supérfluo ao qual a pessoa se entrega. (N. do E.)

COBIÇA

imaginação delas e incentivá-las a contar suas próprias histórias. Podemos celebrar essas narrativas em nossa casa, fazendo uso de múltiplos expedientes e ajudando as crianças a colocar sua imaginação em prática. A brincadeira criativa é a melhor maneira de ajudar as crianças a resistir às tentativas de dominação de sua imaginação. Muitos aspectos da educação escolar britânica, porém, impedem isso. Por exemplo, quando as crianças começam a realizar tarefas de aprendizagem formal muito cedo, sua imaginação é bloqueada. Mesmo sabendo que isso pode acarretar um pior desempenho em exames formais em etapas posteriores da vida, os pais ainda insistem em adestrar os filhos desde cedo nos fundamentos da leitura, escrita e aritmética.

Mas talvez o maior desafio, tanto para os pequenos como para os mais velhos, seja a maneira como celebramos o Natal. Essa festividade oferece um enorme potencial para a criatividade e a imaginação espiritual e, no entanto, é a época do ano em que as forças comerciais atuam de forma ainda mais predadora.

FELIZ NATAL?

A frase "Feliz Natal" é tão comum que não costumamos parar para perguntar o que significa colocar essas palavras juntas. Para muitas pessoas, isso quer dizer "que a sua celebração do Natal seja agradável"; mas, seguindo o fio condutor do significado de felicidade que adotamos neste livro, desejar "Feliz Natal" seria o mesmo que desejar "que a celebração do Natal possa purificar seu coração". A ideia de que o Natal é um momento para purificar os nossos corações, no entanto, parece muito distante da realidade da maioria das pessoas. Embora eu me alegre com o fato de o Natal ser basicamente uma data religiosa e deseje que mais pessoas possam compartilhar essa alegria religiosa, minha preocupação aqui não é somente a perda do significado religioso do Natal. No contexto deste capítulo, meu foco é o processo pelo qual o Natal foi transformado em uma celebração da cobiça revestida por uma rala camada de "doação". O mundo comercial se apossou da imaginação popular no que diz respeito ao Natal e nos ensina que só existem duas partes essenciais nessa celebração: os presentes e a comilança. Fazer compras de Natal é o principal ingrediente de ambas as atividades e, por sobre a histeria das compras, propõe-se um atalho sentimental para a purificação do coração: um dia por ano de paz e boa vontade, e depois tudo volta ao normal.

No entanto, o Natal pode se tornar parte de nossa busca contínua por uma felicidade profunda, se nos prepararmos com a intenção de encontrar pureza de coração nessa época. Uma maneira de combater a cobiça no Natal é não nos tornarmos falsamente bonzinhos, mas recorrer a um humor inteligente para viver essa data, como propõe a iniciativa canadense denominada "Natal sem Compras". Esse grupo destaca em seu *site* que o ato de dar presentes de Natal não implica necessariamente em comprá-los, mas pode ser dar o que já temos, ou o que sabemos fazer com as nossas próprias mãos. A ideia básica é livrar as pessoas da pressão do *marketing*, que a cada Natal se torna mais forte.

## COBIÇA

Outro importante baluarte contra o consumismo natalino é o Advento. Trata-se do tradicional mês de preparativos anterior ao Natal, época de jejuns e intensas orações, momento de ansiosas expectativas. Acima de tudo, é o período em que se celebra a espera como parte da vida humana, quando a tradição do Natal nos convida a aguardar o nascimento de uma criança. No Advento, alegramo-nos por estar esperando, alegramo-nos porque ainda temos tempo para preparar o caminho do Senhor e celebramos a virtude da paciência. Por outro lado, o mundo do consumo nos diz para não esperar, para "comprar agora". Como a cobiça não pode esperar, aprender a esperar é um antídoto simples para esse vício. O Natal deixou de ser a festa da felicidade que vem de um coração puro porque o Advento, como período de comedimento e espera, simplesmente desapareceu. A maioria das pessoas supõe que o Natal começa quando os produtos natalinos aparecem nas vitrines, em novembro. Por exemplo, uma jornalista que visitou a Abadia de Worth alguns dias antes do Natal ficou espantada de não encontrar nenhum vestígio de decoração natalina no lugar. Ela não conseguia assimilar o fato de que ainda estávamos celebrando o Advento e que só começaríamos a comemorar o Natal na noite da véspera desse dia. Certo ano, uma empresa de cartão de crédito lançou uma campanha com o seguinte *slogan*: "Com Visa, você não precisa esperar para querer." A observância do mês do Advento, ao contrário, reintroduz a espera no desejo. O Advento-com-Natal pode nos ensinar a desfrutar a pureza de coração que vem da simples espera. Feliz Natal? Claro, desde que esperemos por ele.

◆

## OS DEMÔNIOS DO CORPO

Nos três capítulos que trataram dos demônios do corpo (gula, luxúria e cobiça), buscamos maneiras de aplicar um filtro entre os pensamentos que nos instigam a realizar todos os nossos desejos e a concretização desses pensamentos. Podemos chamar esse processo de "disciplina do Advento": espere antes de agir. Escolha com muita consciência o que e como comer, como expressar sua sexualidade, como adquirir e usar seus bens. Apresentei minha crítica à cultura do consumo, que nos diz que a satisfação de todos os impulsos é fonte não só de prazer como também de felicidade. Os que se opõem a essa cultura podem ser facilmente ridicularizados como puritanos e estraga-prazeres. Lembremos as palavras de Madre Sinclética quando observou que a apatia espiritual é "repleta de zombaria".

O desafio básico que esses três capítulos apresentam é este: para termos uma vida interior verdadeira, para podermos levar uma vida realmente espiritual, devemos ter uma disciplina do corpo que não seja somente corporal. Esses capítulos não propuseram um programa de exercícios corporais (por mais que sejam necessários à nossa saúde), mas apresentaram uma maneira de abordar três instintos corporais fundamentais. Para a tradição monástica, nossos instintos corporais são parte inalienável do contexto mais amplo do nosso ser.

Corpo, coração e alma devem estar, todos, em sintonia entre si. Alcançar esse nível de conscientização é trabalho para uma vida inteira. Por isso é muito mais fácil "comprar" uma proposta que diz que nossos instintos corporais só

## COBIÇA

têm sentido quando adquirimos alguma coisa. O *marketing* diz que o sentido de nossos impulsos só se concretiza quando compramos coisas que satisfaçam esses impulsos. A tradição monástica cristã se opõe a essa visão, mostrando que esses impulsos estão vinculados ao coração e à alma. Se estes não trabalharem juntos, a liberdade estará perdida e o resultado será a infelicidade. Por exemplo, o orgulho na alma pode estimular a licenciosidade sexual no corpo, a gula no corpo pode levar tristeza ao coração e a raiva no coração pode gerar doenças no corpo. Quando o corpo está em sintonia com o coração e a alma, ao comer nós abrimos nosso coração às outras pessoas, a sexualidade é, para nós, uma expressão de amor e nossos bens são presentes a serem compartilhados.

Essa atitude também molda a visão monástica das artes. A pintura e a escultura, a música e o teatro, a arquitetura e a liturgia, todas essas áreas envolvem a organização do mundo físico de uma maneira que nos leve a perceber o que está além do visível. Isso explica por que as igrejas das abadias, como também as catedrais, sempre foram locais de beleza artística, usando sem constrangimento recursos financeiros e materiais para criar lugares capazes de oferecer às pessoas acesso a dimensões ocultas do coração e da alma. Embora o número de pessoas que comparecem aos cultos religiosos tenha diminuído, continua a crescer o número dos que visitam as grandes igrejas.

A história cristã nos diz que Deus está em ação na realidade física, e não somente nos corações e almas. Esse fato encontra sua mais vívida expressão na doutrina cristã da ressurreição dos mortos. Cristo ressuscitado é o primeiro exemplo de um corpo refeito de novo modo, e representa o destino de todos aqueles que compartilham de seu Espírito. Perseveramos na tentativa de harmonizar o corpo com o coração e a alma porque, com isso, nós o harmonizamos com a obra de Deus. O último livro da Bíblia, e o mais incompreendido, é o Apocalipse, cujo autor apresenta uma visão desse mundo transformado por Cristo. "Eis que faço todas as coisas novas", diz o Senhor. No fim, literalmente, Deus fará novas todas as *coisas*.

# QUINTO PENSAMENTO
# IRA

*Em paz ele resgata minha vida da guerra que me fazem*
*Salmos 55, 19*

## SAÚDE MENTAL

Estima-se que, em 2004, mais de um terço dos norte-americanos fez algum tipo de psicoterapia. (Neste capítulo, uso o termo "psicoterapia" para me referir a todas as práticas que, como o aconselhamento psicológico, a psicanálise e a psiquiatria, envolvem o trabalho de um profissional treinado em saúde mental.) Além disso, foram gastos nesse mesmo ano 13,5 bilhões de dólares em antidepressivos. Às vezes, esses números são citados para mostrar que as pessoas se tornaram excessivamente dependentes de todas as formas de psicoterapia. Embora isso possa realmente estar acontecendo, acho que esses índices também refletem um saudável interesse pelo bem-estar mental. Uma vez que tanto a psicoterapia como os tratamentos medicamentosos a ela relacionados são relativamente recentes, a atitude geral com respeito à saúde mental sofreu evidentemente uma revolução na era moderna. Será que os conselhos dos Padres e Madres do Deserto ainda são pertinentes após essa revolução?

◆

Embora a psicanálise clássica possa dizer que não, um desdobramento mais recente do conhecimento psicológico dá a entender que a resposta a essa indagação é, sem dúvida, "sim". Um rápido exame histórico pode ajudar a explicar isso. A origem da psicanálise clássica é a obra pioneira de Sigmund Freud, que incluía o que, na época, era chamado de "cura pela fala". Não se tratava, porém, de uma forma qualquer de fala. Essa fala pretendia pôr a nu o mundo inconsciente do cliente, mundo que Freud e seus sucessores estavam mapeando pela primeira vez. O cliente penetra nesse mundo falando de sua infância, da sua história familiar e, principalmente, de seus sonhos. Dessa maneira, forças subconscientes e potencialmente negativas, do passado ou do presente, podem ser reconhecidas e, com a ajuda do terapeuta, ser aliviadas ou superadas de maneira positiva.

Minha decisão pessoal de me submeter à psicanálise surgiu quando eu trabalhava como diretor escolar e administrava a escola em meio a um complexo processo de desenvolvimento. Em um momento crítico desse processo, fui seriamente prejudicado por uma pessoa e me vi duplamente sobrecarregado: em primeiro lugar, pela necessidade de gastar uma imensa quantidade de tempo a fim de remediar os atos desse indivíduo e, em segundo, pela minha própria indignação com o episódio. Com a ajuda de amigos, acabei percebendo que eu estava com muita raiva, e que essa raiva era minha responsabilidade, não da outra pessoa. Se a raiva era de fato minha, eu tinha de fazer alguma coisa a respeito dela além de só culpar aquele sujeito. Assim, iniciei um processo de psicanálise com uma talentosa profissional que me atendeu uma vez por semana durante dezoito meses. O trabalho consistia em falar sobre meus sentimentos e sonhos e, ainda, fazer pinturas usando os dedos, com tintas para crianças. Construí um relacionamento muito positivo com a analista e percebi que aquela hora semanal com ela era muito terapêutica. Na verdade, nós não resolvemos nem solucionamos nenhum problema ou questão; mas, com grande rapidez, à medida que minha percepção de mim mesmo, dos outros e da vida começou a mudar, concluí que não era esse o ponto. A raiva que tinha desencadeado meu desejo de fazer terapia começava a evaporar, mas não por ser atacada diretamente. Essa hora terapêutica era um momento em que não havia objetivos a alcançar ou tarefas a cumprir. Eu tinha apenas de assumir a minha vida e os meus atos como meus, investigando em profundidade o modo como vivia e amava, trabalhava e descansava. Ao me concentrar em minha própria interioridade, fiquei livre da raiva.

Em uma análise retrospectiva desse processo, percebo que a raiva vinha do fato de eu ser uma pessoa muito fixada na realização de objetivos. O que me aborreceu foi que as atitudes daquela pessoa comprometeram a realização das metas que eu havia estabelecido para o desenvolvimento da escola. A terapia, por outro lado, era um lugar em que não se falava em metas e desenvolvimento. Isso não quer dizer que se tratasse somente do *ser* e não do *fazer*: o mais significativo foi que esse espaço terapêutico me permitiu explorar tanto o meu ser como o meu fazer como dimensões inextricavelmente entrelaçadas, mas sem referência a metas e ambições. Aprendi não apenas a "ser eu mesmo", mas também a "fazer eu mesmo" – ou seja, agir – em um contexto diferente, desvinculado da mentalidade pautada por metas e objetivos que atualmente ocupa por completo a mente dos diretores de escola.

Essa experiência me ensinou a valorizar a psicanálise, mas esse é um processo muito distante do mundo dos Padres do Deserto. A psicanálise compartilha com a tradição do deserto a ênfase no relato dos nossos pensamentos para outra pessoa, mas a semelhança termina aí, como, aliás, já vimos, quando falamos das técnicas usadas para dominar os pensamentos sexuais. O terapeuta mantém um diálogo com o cliente, estimulando-o a falar de sua infância e de seus sonhos, e, então, usa sua bagagem profissional para ajudá-lo a enxergar padrões e possibilidades. De sua parte, os Padres do Deserto apenas ouviam e ofereciam uma "palavra pela qual viver", quer dizer, uma passagem das Escrituras que funcionava como remédio para "curar" os pensamentos que estivessem atormentando o monge. Nesse sentido, enquanto a psicanálise, em nome de uma linha particular de pensamento, busca analisar o subconsciente, a tradição do deserto, em nome de Cristo, busca eliminar os pensamentos.

## UMA ALTERNATIVA RACIONAL

Ao lado da psicanálise, cuja origem se deve a Freud, surgiu, na segunda metade do século XX, outra abordagem psicoterapêutica. Trata-se da terapia cognitivo-comportamental, que não dá ênfase ao subconsciente, mas ao comportamento. Esse processo psicoterapêutico se propõe a mudar o comportamento consciente em vez de explorar o passado inconsciente. Uma das primeiras e, atualmente, a mais difundida dessas abordagens é a terapia racional emotiva comportamental (TREC), formulada por Albert Ellis, nos Estados Unidos, em meados dos anos 1950. Ellis entendia que aquilo que a pessoa pensa e o que ela sente estão intimamente relacionados, e, por isso, dedicou-se a mostrar a seus clientes como os sentimentos e reações deles eram em grande medida produzidos por seus pensamentos. O próprio Ellis resume tal abordagem em uma passagem de um de um seus livros, frequentemente citada:

> A TREC se baseia na noção de que as nossas reações que chamamos de "emocionais" são em grande medida causadas por nossas avaliações, interpretações e filosofias conscientes e inconscientes. Assim, sentimo-nos ansiosos ou deprimidos porque nos convencemos fortemente de que é terrível fracassar em alguma coisa, ou de que não conseguimos aguentar a dor de sermos rejeitados. Sentimo-nos hostis porque acreditamos decididamente que as pessoas que foram injustas conosco não deveriam absolutamente agir do modo como, sem dúvida, agem, e é inteiramente intolerável que elas nos frustrem.

Sua insistência nas origens irracionais dos sentimentos destrutivos faz com que ele se oponha a algumas noções tacitamente aceitas sobre as emoções em geral. Seja qual for o tipo de estímulo negativo que se imponha ao indivíduo – um fracasso pessoal ou um ataque físico –, não existe necessidade de a pessoa ficar com raiva.

A TREC admite que as pessoas sintam fortes emoções negativas, como mágoa, remorso, desprazer, contrariedade, revolta e determinação de mudar as condições sociais. Ela acredita, no entanto, que, quando as pessoas sentem certas emoções insalubres e derrotistas (como pânico, depressão, autodesprezo ou ira), elas geralmente estão acrescentando uma hipótese ilógica e irreal à noção empírica de que seus próprios atos, ou os atos das outras pessoas, são repreensíveis.

Nesse sentido, embora ir mal em uma prova de História na escola possa ser "repreensível", não há necessidade de o aluno acrescentar a esse fato "a hipótese ilógica e irreal" de que ir mal na prova de História significa que ele é um inútil nesse assunto. Ele simplesmente precisa estudar mais, ou estudar de um jeito diferente.

Ellis elaborou um "ABC" simples para explicar sua abordagem aos clientes. "A", de ato, ação, é o evento que desencadeia a sequência de pensamentos e sentimentos. "B", de *belief* [crença], é o pensamento que nos leva a enxergar o evento de determinada maneira. E "C", de consequência, é a reação emocional e comportamental que responde ao evento original visto por aquele prisma. A maioria das pessoas acha que A causa C e, por isso, se sente impotente para impedir C. A TREC desafia essa suposição e insiste que a resposta emocional é produzida pelo pensamento, não pelo evento; que as emoções e comportamentos decorrem do sistema de crenças escolhido pela pessoa e não dos atos de terceiros. A atitude de alguém pode estimular nossas crenças e nos levar a reagir, mas, na ausência dessas crenças, nossa reação seria muito diferente.

Vejamos um exemplo simples conforme o esquema da TREC:

A) Um amigo passa por mim na rua e não fala comigo;
B) a. Ele me ignora porque não gosta de mim;
   b. Para que eu me dê valor, as pessoas precisam gostar de mim;
   c. Então, ele está dizendo que eu não tenho valor como pessoa.
C) Sentimento: raiva e depressão;
   Comportamento: evitar o amigo.

Com crenças diferentes, a sequência seria outra:

A) Um amigo passa por mim na rua e não fala comigo;
B) a. Ele provavelmente está preocupado com alguma coisa e não me viu;
   b. O que quer que esteja se passando na cabeça dele, ele é meu amigo;
   c. Eu gostaria de ajudá-lo.
C) Sentimento: preocupação
   Comportamento: voltar, chamar o amigo e ver se posso fazer alguma coisa por ele.

Com isso, percebemos que o elemento-chave para decidir nossas reações emocionais e comportamentais são nossas próprias crenças, e não o comportamento da outra pessoa.

Em nosso sistema interno de crenças, algumas são racionais e outras, irracionais; as crenças irracionais são as que provocam nosso fracasso. Por exemplo, é irracional acreditar que sempre precisamos do amor e da aprovação das pessoas significativas para nós, e que devemos sempre evitar sua desaprovação. A irracionalidade dessa crença está no fato de que literalmente nos derrotamos ao pôr nosso bem-estar nas mãos de todas as pessoas significativas para nós. É mais racional a crença de que o amor e a aprovação são bons e tentaremos obtê-los sempre que possível, mas não são absolutamente essenciais o tempo todo, nem poderão ser constantemente obtidos de todas as pessoas que nos importam.

Outra crença derrotista é aquela que, inadvertidamente, pode ser encorajada por uma noção popularizada de psicoterapia. Trata-se da crença de que os eventos passados são a causa de nossos problemas e influenciam nossos sentimentos e comportamentos atuais. Mais uma vez, essa ideia elimina o controle que poderíamos ter sobre a vida presente e pretende que esta depende unicamente dos acontecimentos passados. A abordagem mais racional é que nossas crenças atuais causam nossas reações, embora seja fato que adquirimos essas crenças no passado. Podemos mudar, no presente, o que aprendemos no passado e reagir, agora, de maneira nova.

Essa forma racional de pensar se baseia no realismo e não aceita a tendência irracional de criar catástrofes – por exemplo, dizer que uma pessoa é terrível quando, na verdade, ela é somente desagradável; ou afirmar que não toleramos uma coisa quando, na verdade, apenas preferimos outra; ou, ainda, insistir que é imprescindível que se faça alguma coisa quando o que queremos dizer é que nós mesmos gostaríamos de fazê-la. A TREC não é, em absoluto, uma forma de "pensamento positivo", que busca um otimismo permanente; mas é uma forma realista de pensar, que mantém dentro dos devidos limites tanto as emoções positivas como as negativas.

Também não é mera repressão das emoções; longe disso. Trata-se mais de escolher um sistema de crenças que produza emoções corretas, capazes de promover a realização humana. A TREC preconiza um modo de vida em que a pessoa faz escolhas sensatas e age para evitar tudo o que é psicologicamente destrutivo. As ideias geradoras de ansiedade *precedem* as emoções; por isso, se controlarmos nossos pensamentos, poderemos alterar nossos sentimentos. O comportamento emocional pode ser controlado racionalmente.

Portanto, como já disse, embora a psicanálise esteja muito distante da tradição do deserto, a TREC se aproxima bastante dela. É interessante o fato de Ellis ter citado favoravelmente a antiga tradição grega dos estoicos, ou seja, os filósofos do século III a.C. que tanto influenciaram a tradição monástica. O grande filósofo estoico Zenão adotava uma disciplina pessoal tão severa quanto a dos Padres do Deserto e a dos seguidores da TREC. Para ele, as paixões eram "movimentos irracionais e antinaturais da alma". De acordo com a concepção estoica, os desejos e sentimentos humanos devem ser conscientemente dirigidos para as virtudes e nada deve abalar nossa determinação de sermos virtuosos. Para os estoicos, as paixões são os apetites e medos sobre os quais temos menos controle, que invadem a nossa mente com seu "movimento irracional", de modo semelhante às "crenças irracionais" da TREC. As duas escolas sustentam que somos capazes de escolher nossas crenças e valores e que, com base neles, podemos direcionar nossas emoções, em vez de sermos arrebatados pelas paixões negativas. Essa filosofia milenar nunca chegou a sair de moda, como prova a perene popularidade das *Medita-*

ções *de Marco Aurélio*, livro que contém os pensamentos estoicos desse imperador romano do século II. Assim, os "pensamentos" da tradição do deserto estão bastante relacionados à noção estoica das "paixões" e à ideia das "crenças irracionais" da TREC, em especial no que concerne ao primeiro dos "pensamentos do coração": a ira.

## DE QUE ADIANTA FICAR COM RAIVA?

A tradição do deserto insiste em que a ira é um pensamento que sempre deve ser evitado, um demônio ao qual nunca devemos nos render. Cassiano chama-o de "veneno mortal... que deve ser inteiramente erradicado". Cita exaustivamente a Escritura para mostrar o dano que pode advir àquele que está irado. Essa emoção destrói o discernimento, a sabedoria e a luz interior da contemplação. Cassiano insiste em que "a ira do homem não efetua a justiça de Deus", e em seguida desafia aqueles que buscam justificar a ira dirigida contra os que erram. Despreza os que citam os trechos dos livros sagrados que dizem que "Deus estava zangado com Israel", e afirma que esses trechos são figurativos. Indaga de modo contundente como as pessoas que entendem literalmente tais metáforas explicam a afirmação de que Deus "dormia como um homem embriagado de vinho", também extraída da Escritura. Diz que usar as Escrituras para justificar a ira é como buscar a morte no próprio local em que se encontra o remédio da salvação.

Cassiano critica em particular o monge que se zanga com os erros de um irmão; para ele, isso é um exemplo de encontrar um cisco no olho do outro antes de retirar a trave do próprio olho. O que Cassiano chama de "a função da ira colocada adequadamente dentro de nós" só é benéfica para uma finalidade: quando nos zangamos com nossas próprias imperfeições e defeitos. Ele aprova a recomendação de São Paulo de que não devemos deixar o sol se pôr sobre a nossa ira, enfatizando o versículo seguinte: "para que não cedais lugar ao diabo". É tão intensa sua convicção de que não devemos oferecer a menor guarida à raiva que sentimos dos outros que ele inclusive se preocupa com a possibilidade de que a frase "que o sol não se ponha sobre a vossa ira" seja entendida como uma recomendação para que não se permita a ira nem mesmo por um breve instante. Assim, ele interpreta essa frase dizendo que, em primeiro lugar, ela indica que a ira deve ser dirigida contra nossas próprias falhas, entre elas, a de ficar zangado com os outros; e, em segundo lugar, que Cristo é o sol. Assim, antes que a escuridão dos maus pensamentos oculte a luz de Cristo em nossos corações, devemos dirigir nossa ira contra esses pensamentos e expulsá-los.

Em seguida, ele revela um conhecimento notavelmente amplo de como aqueles que alegam não sentir ira são, ainda assim, capazes de atitudes em que essa paixão se manifesta com grande intensidade. "Cultivam um espírito rancoroso contra aqueles que os contrariam... Não se aproximam deles com palavras apropriadas nem lhes falam com a civilidade necessária e, quanto a isso, não se consideram errados, porque não exigem uma compensação por sua contrariedade." Em vez de extravasar seus sentimentos, "eles canalizam o veneno da ira para sua própria destruição, amargando essa emoção em seus corações; e, em um silêncio sombrio, digerem-na em seu próprio interior". A simples contenção dos sintomas não remove a ira de nosso coração, e, ainda que ela não se manifeste, suas trevas podem nos cegar. E o que é pior, a presença do demônio da ira pode excluir a luminosidade do Espírito de Deus de nossos corações.

Não satisfeito em remover a ira de nossos corações, Cassiano sugere a seguir que tentemos remover a ira do coração daqueles que estão zangados conosco, mesmo que, em nossa opinião, não tenhamos feito nada para justificar esse sentimento. Ele retoma as palavras de Jesus quando diz: "Se estiveres para trazer tua oferta ao altar e ali te lembrares de que o teu irmão tem alguma coisa contra ti, deixa a tua oferta diante do altar e vai primeiro reconciliar-te com o teu irmão; e depois virás apresentar a tua oferta" (Mateus 5, 23-4). É fácil interpretar erroneamente essa passagem, presumindo que ela diz que "você tem algo contra seu irmão"; uma leitura atenta mostra que é o irmão que está zangado com *você*. Cassiano diz que "trazer a oferta ao altar" significa a prece oferecida a Deus, e então lembra aos monges que sua principal tarefa é "orar sem cessar" (I Tessalonicenses 5, 17), uma citação de São Paulo que ele repete frequentemente e à qual acrescenta esta outra: "Quero, portanto, que os homens orem em todo lugar, erguendo mãos santas, sem ira e sem animosidade" (I Timóteo 2, 8). Cassiano reafirma que se ousarmos orar quando um irmão está irado, ignorando todas essas recomendações sagradas, estaremos oferecendo a Deus apenas "corações obstinados e rebeldes". Se queremos ser puros de coração ao orar, devemos ir em busca daquele irmão enraivecido que, justa ou injustamente, tem algo contra nós. O Senhor quer que todos

# IRA

sejam salvos, e, por isso, não podemos orar se alguém está irado por nossa causa. Temos a responsabilidade de ajudar essa pessoa a dissolver a ira, a fim de que ela possa novamente recuperar a tranquilidade necessária para orar com o coração puro.

Cassiano explica em seguida por que é tão peremptória a sua proibição da ira, recomendação análoga à da TREC, oferecendo uma explicação muito racional para isso: ele quer que cada um de nós seja completamente responsável por sua própria virtude e viva de tal maneira que não seja dependente da perfeição dos outros para alcançar o próprio bem-estar. Em uma passagem que bem poderia ter sido escrita por Albert Ellis, ele diz:

> O somatório de nossos progressos e de nossa tranquilidade, então, não deve depender da vontade de outra pessoa, que nunca se sujeitará ao nosso querer; ao contrário, deve estar sob o nosso poder. Assim, o fato de não sentirmos ira não deve ser uma decorrência da perfeição de outra pessoa, mas de nossa própria virtude, a qual é alcançada não pela paciência alheia, mas pela nossa.

Por fim, Cassiano dedica-se a examinar como algumas pessoas decidem se afastar das outras a fim de lidar com a ira. Fala então dos que vivem como ermitãos – e monges –, dizendo que eles ainda podem encontrar a ira em seus corações mesmo quando não têm ninguém contra quem dirigir essa emoção. Em vez disso, canalizam-na para os objetos. Relacionando os parcos objetos que um monge possui, ele enumera as imperfeições que podem levar o monge à ira: a pena de escrever está com a ponta grossa, o estilete está cego, a pederneira não solta mais faíscas. O monge deve erradicar até essa mínima ira para poder alcançar a pureza em seu coração, que é a meta final da vida monástica e o único caminho para alcançar a verdadeira paz de espírito.

Cassiano conclui seus ensinamentos sobre a ira com uma extraordinária discussão sobre os manuscritos da Bíblia, em que novamente descarta quaisquer razões possíveis para justificar a ira. No Sermão da Montanha, pouco antes da passagem citada acima, sobre levar sua oferta ao altar, lemos o versículo segundo o qual "todo aquele que se encolerizar contra seu irmão terá de responder no tribunal" (Mateus 5, 22). Cassiano acrescenta que alguns manuscritos dos Evangelhos que os Padres e Madres do Deserto leram continham as palavras "sem motivo", e essa passagem então seria: "todo aquele que se encolerizar contra seu irmão sem motivo...". Ele insiste que o acréscimo de "sem motivo" foi feito por pessoas para quem a ira é aceitável em algumas situações. Para ele, essas palavras são completamente supérfluas, uma vez que ninguém, por mais irracionalmente transtornado que esteja, dirá que não tinha motivo para ficar irado. "Pois o fruto da paciência não se colhe pela ira justificada, mas somente pela total ausência de ira."

Uma geração posterior de autores cristãos admite a chamada "ira racional", que para eles significa o zelo pela justiça, a apaixonada rejeição do mal, e não a resposta a alguma desfeita pessoal. Não obstante, todos os autores monásticos envolvidos na vida comunitária defendem a condenação irrestrita da ira. Como monge, acho melhor ser claramente contra a ira de todas as espécies e postular o

♦

zelo pela justiça como algo inteiramente diferente. Nelson Mandela é um bom exemplo de pessoa que uniu o zelo pela justiça à ausência de ira pessoal. Ele foi zeloso a ponto de conseguir dar fim ao regime do *apartheid* na África do Sul, mas, mesmo assim, manteve uma relação cordial com seu ex-carcereiro branco. Quando temos um problema, raramente a ira ajuda a resolver a situação. Precisamos, isto sim, da zelosa determinação de superar não só o problema, mas a própria ira.

## CONCLUSÃO

A ira é um grande problema na vida das pessoas e das nações. O modo como lidamos com ela é vital para o nosso bem-estar e nossa felicidade. As noções populares de que é bom "extravasar a raiva", ou de que está certo "mostrar do que eu sou capaz", baseiam-se em uma visão muito mecanicista do ser humano. Não somos uma panela de pressão prestes a explodir, somos seres racionais capazes de fazer escolhas; não somos objetos que podem ser mentalmente retalhados, somos pessoas inteiras, com emoções integradas. A insistência da tradição do deserto em não nos entregarmos à ira pode parecer contrária às noções contemporâneas por trás desses ditos populares. Entretanto, na TREC encontramos uma escola moderna de pensamento que se recusa a consentir em que nosso mundo interior seja tomado de assalto e dominado por explosões irracionais de emoções e sentimentos.

Os Padres e Madres do Deserto podem ser considerados elos de uma tradição espiritual maior: a ideia clássica de que controlar as próprias emoções é não só possível como também desejável. Essa antiga filosofia remonta aos estoicos, como vimos, e tem sua mais potente manifestação no início do cristianismo, entre os primeiros monges e monjas. Para essa tradição, a alma é racional, e a expressão "a alma racional" é usada para descrever a nossa interioridade. A intrusão de pensamentos perturbadores é uma invasão demoníaca, que transtorna o equilíbrio racional da alma. Portanto, os pensamentos e seus demônios devem ser analisados e sistematicamente repelidos pela alma racional. Essa tradição clássica agora encontra uma tradução moderna em terapias cognitivo-comportamentais, como a TREC. Por outro lado, Freud constatou que os pensamentos perturbadores não vêm de demônios, mas de uma parte irracional em nós que ele chamou de inconsciente. E a psiquiatria moderna contribuiu com a descoberta de que esses pensamentos estão associados a alterações na química cerebral.

Demônios, inconsciente, substâncias químicas. Afinal, qual é a fonte desses pensamentos perturbadores? Não existe uma resposta simples a essa pergunta, que continua controversa e polêmica entre os especialistas e cientistas. Como já relatei aqui, minha experiência pessoal me diz que há um momento para cada abordagem. Já me beneficiei de ambas as formas de psicoterapia, assim como de um conhecimento clássico do funcionamento da alma racional. Neste capítulo, insisti na afirmação de que a concepção tradicional da constituição anímica continua válida: ela não foi simplesmente substituída pelo entendimento moderno, e pode ser um dos passos no caminho para encontrar a felicidade. A perspectiva clássica sobre a alma coexiste com a psicanálise e a psiquiatria e representa uma das possibilidades de trabalhar as emoções que nos desestabilizam. Tal possibilidade não será sempre a melhor opção para todas as pessoas, mas muitos poderão aplicá-la em seu dia a dia sem a ajuda de terapeutas ou médicos.

# SEXTO PENSAMENTO
# TRISTEZA

*Quanto a mim, eu espero sem cessar*
Salmos 71, 14

OS MONGES SÃO TRISTES?

No início deste livro pergunta-se se os monges são felizes e eu respondi que eles não são infelizes, pois o significado de "infeliz" é mais estreito do que o de "feliz", termo mais ambivalente. Embora os monges não sejam infelizes, ou seja, não se sintam desgraçados, às vezes, ficam tristes. Se alguém está realmente triste, podemos considerar essa situação de três ângulos diferentes. O médico pode diagnosticar uma enfermidade física. O psiquiatra pode diagnosticar depressão. O conselheiro espiritual pode identificar um dos Oito Pensamentos. Os diagnósticos do médico e do psiquiatra não fazem parte do escopo deste livro. Nosso conselheiro espiritual, Cassiano, estava muito ciente da possibilidade de uma depressão verdadeiramente destrutiva, e reconhecia que até mesmo os monges, de vez em quando, são, a tal ponto, tomados por um "desespero mortal", que acabam cometendo suicídio. Embora os ensinamentos da tradição monástica que apresentamos aqui possam auxiliar aqueles que sentem algum tipo de tristeza, eles não substituem o tratamento médico da depressão. Quem está sentindo um "desespero mortal" precisa de ajuda profissional, tanto quanto de apoio espiritual.

Este capítulo trata do fenômeno mais generalizado de tristeza, que inclui "se sentir deprimido", achar que "a vida não é justa", pensar "estou me sentindo um lixo". Uma tendência que não incluiremos aqui é o sentido atualmente dado à palavra "triste" pelos jovens. Nessa gíria, as pessoas e situações são "tristes" quando são tediosas ou ultrapassadas, o que, na cultura jovem, é o pior insulto possível. Um adolescente pode gritar para os pais "vocês são tristes, mesmo" e sair da sala pisando duro depois de ouvir que não pode ir a uma festa. Em um mundo em que todos devem parecer felizes da vida, aproveitando ao máximo cada momento, "triste" indica ausência de felicidade entendida como prazer. Nesse contexto, quando se diz que uma pessoa é "triste", não significa que ela está sofrendo, de luto ou deprimida; o que se quer dizer é que ela parece não se divertir o bastante e que "devia sair mais". Essa acepção de "tristeza" vem da identificação de felicidade com prazer, um ponto que, do começo ao fim, este livro questiona frontalmente. Opondo-se à acepção de tristeza como a ausência de prazer externo, este capítulo trata desse sentimento como uma experiência interior de pesar, entendendo-a não como a falta de alguma coisa, mas como um sentimento com características próprias.

Do ponto de vista fisiológico, as alterações de humor são explicadas como alterações na química corporal. Como praticante regular de corrida para amadores, sei que uma boa hora correndo me deixa alegre mesmo quando o tempo está ruim, porque o exercício faz meu corpo produzir serotonina, substância associada a sentir-se bem. Na outra ponta do espectro da felicidade, como ex-professor, sei que ficar sentado em uma sala abafada, por um longo período, provoca uma piora no estado geral de ânimo da classe, e deixa os alunos bocejando e de cara feia. No começo, pensei que o problema fosse minha maneira pouco exuberante de lecionar, mas depois de instituir intervalos de cinco minutos ao ar livre e comprovar a mudança no clima psicológico da turma, constatei que a falta de oxigênio provoca tanto desânimo e mau humor nos alunos quanto um mau professor. Tanto no caso da corrida como no do comportamento dos alunos, fica evidente a origem física das alterações de humor. Nesse nível, a tristeza é apenas uma severa negativação do humor induzida por alterações químicas. Quando as causas da piora do estado de humor são físicas, podemos enfrentar a tristeza com relativa facilidade: fazemos exercícios ou abrimos a janela. Quando as causas são psicológicas, contudo, a situação se torna mais complicada, e são essas causas psicológicas que discutiremos a seguir.

O QUE CAUSA A TRISTEZA?

As causas da tristeza e da depressão nem sempre são claras, e, às vezes, ficar melancólico ou mergulhar em depressão profunda acontecem de uma hora para outra, sem motivo aparente. Em seu notável relato da própria depressão crônica, intitulado *Darkness Visible*, o romancista norte-americano William Styron opina que a causa fundamental da depressão é uma perda não resolvida. Em seu caso, tratava-se da morte de sua mãe quando ele estava com 13 anos, o que desencadeara um "luto incompleto", provável semente de sua depressão quando adulto.

A perda parece ser o principal gatilho para o aparecimento de muitos tipos de tristeza, e Cassiano relaciona diversas perdas capazes de surtir esse efeito. Em primeiro lugar, perder o controle; hoje em dia sabemos que a raiva envolve a perda de alguma coisa, a saber, o equilíbrio psicológico, de modo que a tristeza só aparece depois de "perdermos" o equilíbrio. A raiva já tinha sido apontada pelos Padres do Deserto como uma das principais causas da tristeza, portanto, muito antes de a psicologia moderna ter proposto a raiva não reconhecida como causa da depressão. Depois, temos a perda de dinheiro, da possibilidade de aquisição de coisas que tencionávamos comprar e do respeito próprio quando sofremos alguma ofensa. Não se trata aqui, portanto, da perda de entes queridos, ou seja, não constituem a emoção da dor diante da morte. O clichê "ninguém morreu" contém a lembrança importante de que, se estamos tristes pela perda de alguma *coisa*, temos a possibilidade de encarar e superar essa perda com muito menos dificuldade do que se se tratasse da morte de alguém.

Entender a tristeza como resposta à perda de algo pode ser o primeiro passo para superá-la. Entretanto, assim como ao falar da raiva, Cassiano está convencido de que no caso da tristeza também não são os eventos em si que causam a depressão. Ele diz que a tristeza não é provocada em nós pelas falhas dos outros: "Pelo contrário, a culpa é nossa." Mais uma vez, a tradição do deserto e a terapia cognitivo-

TRISTEZA

-comportamental coincidem quando nos dizem que devemos assumir a responsabilidade por nossos próprios sentimentos. A tradição monástica oferece, para isso, um remédio muito específico.

ESPERANÇA

A esperança é o remédio mais seguro que existe para curar a tristeza, e, por isso, devemos tomar medidas conscientes para alimentá-la. Embora reconhecendo a necessidade de cultivar uma atitude amorosa nas crianças, hoje em dia as pessoas não se dedicam a cultivar a esperança com a mesma energia e a mesma determinação. Cassiano nos convida a exercitar a disciplina da esperança. Isso significa não depositar nossa esperança nas coisas que mudam e perecem, evitando que nosso bem-estar interior dependa da posição social e das riquezas. Se colocarmos nossa esperança no mercado financeiro ou em uma possível promoção, estaremos retomando a primitiva definição de felicidade como sorte. As decepções e os êxitos da vida diária devem ser tratados com equilíbrio, para que não sejam fonte nem de tristeza nem de euforia. A esperança, tal como o amor, é maior que tudo isso. Portanto, assim como não deixo que meu estado de humor momentâneo determine meu amor por alguém, assim também minha esperança não estará atrelada a eventos passageiros.

Vale a pena parar um pouco para analisar detalhadamente a questão da esperança na nossa vida. O que nos faz levantar toda manhã? O que temos mais medo de perder? Com que ocupamos nosso tempo livre? As respostas a es-

◆

sas perguntas respondem à indagação principal: em que eu coloco a minha esperança? Para perceber como a nossa esperança precisa mudar, pense nas seguintes questões: Além de deixar para amanhã algumas tarefas caseiras, quais aspectos de minha vida tenho ignorado? Quanto tempo e energia dedico aos exercícios espirituais? Depois do trabalho, quanta energia me resta para cultivar o amor e os relacionamentos?

Sustentar a esperança é uma das maneiras mais seguras de afastar a tristeza e um aspecto importante tanto da saúde mental como da espiritual. Como parte disso, Cassiano nos convida a meditar sobre as promessas de Deus quanto à morte e à ressurreição. Nos últimos cinquenta anos, os cristãos vêm se dedicando a construir o reino de Deus na terra, mas os ensinamentos de Cristo e seu exemplo envolvem tanto o "agora" quanto o "para sempre", como tão claramente exprime a tradição cristã da oração. Em nossa cultura, as pessoas acham difícil expressar seus pensamentos e sentimentos sobre a morte como desafio final à esperança. Atualmente, até mesmo os cristãos estão confusos quanto ao sentido de uma frase do credo, repleta de esperança: "espero a ressurreição da carne e a vida do mundo que há de vir".

## A VIDA NÃO É JUSTA

Vejamos agora algumas situações que causam tristeza e como podemos preenchê-las de esperança. Comecemos, por exemplo, com a perda de um emprego. Conheci pessoas que foram despedidas por incompetência e receberam uma

# TRISTEZA

bela indenização para que não fossem à Justiça a fim de obter compensação por uma atitude que consideravam injusta. Em certos casos, o empregador, de fato, pode ter agido de forma injusta, e, em tal situação, não surpreende que a pessoa demitida tenha ficado com raiva e deprimida. Por mais difícil que seja tal coisa, porém, ela ainda deve assumir a responsabilidade por sua própria reação ao acontecido.

Constatei a existência de alguns padrões nas respostas dessas pessoas. Elas ficam com raiva do patrão que as demitiu: ele nunca gostou de mim e não tinha o direito de me mandar embora. Então, ficam repetindo mentalmente inúmeras frases sobre a injustiça que sofreram, sobre quanto a vida é injusta e sobre como provavelmente nunca mais arrumarão um emprego tão bom. Dizem, por exemplo: "Isso não está certo. Não fiz nada de errado. Estou louco de raiva." Depois, essa raiva se transforma em rancor: "Dei duro pela empresa e olha só a ingratidão!" Finalmente, surge a depressão: "É uma coisa horrível, não consigo aturar tanta humilhação. Minha vida está acabada." Nos casos extremos, há quem cogite cometer suicídio porque acha que agora sua vida se tornou insuportável.

Entretanto, não foi a perda do emprego em si que provocou esse estado mental e emocional. Foi muito mais o abalo de todo um conjunto de valores sobre a vida, diante do fato concreto da demissão. São essas crenças ocultas, girando em falso na cabeça da pessoa, que a levam à depressão. Costumam se manifestar em fórmulas como: o meu trabalho é muito benfeito e a avaliação que faço do meu desempenho está sempre certa. Minha vida não deveria ser abalada com essa espécie de perda. Uma perda desse porte é muito ruim para mim. De jeito nenhum eu deveria ter sido tratado dessa maneira, mas, como isso aconteceu, significa que a vida é insuportavelmente injusta. A vida não deveria ser assim. São essas noções que levam a pessoa a produzir uma catástrofe a partir do ocorrido; quer dizer, ela transforma o problema em uma crise. Examinando tais crenças com mais calma, no entanto, percebe-se que elas são inúteis, porque não são realistas. Por isso proponho a seguir um modo mais realista de entender esse tipo de situação, lembrando, porém, que essa forma de entendimento não deve ser apresentada de modo nu e cru à pessoa deprimida. Em vez disso, ofereço agora uma estrutura geral, que a própria pessoa, com a nossa ajuda, pode vir a descobrir no devido tempo, quando estiver pronta para seguir adiante.

Em primeiro lugar, a avaliação que o chefe faz de minha competência é tão válida quanto a minha, e ele claramente discordou de como eu me avalio. Se me pagaram essa indenização toda é porque, evidentemente, estão achando que ficam melhor sem mim. Em segundo lugar, os planos que dão errado fazem parte da vida, não são nada excepcionais, e eu não tinha absolutamente o direito de presumir que a vida seguiria sempre de acordo com os meus projetos pessoais. Por fim, todo dia milhares de pessoas perdem o emprego, mas, na realidade, é raríssimo o caso daquela que acha que foi tratada com justiça quando lhe disseram que estava demitida. Essa experiência é muito comum. A vida é exatamente desse jeito.

Um conjunto mais realista e proveitoso de crenças seria mais ou menos assim: quando vejo em retrospecto o bom trabalho que realizei e os amigos que conquistei, per-

TRISTEZA

cebo aí as boas lembranças de momentos felizes, e, então, estou decepcionado por estar indo embora. Minha vida agora vai virar de ponta-cabeça, financeiramente tudo será mais difícil, e eu gostaria muito que isso não tivesse acontecido. Mas posso começar a procurar outro emprego, talvez até iniciar outra carreira, que me conduza a coisas boas e inesperadas.

Em suma, as crenças racionais admitem que existe um problema sério, e as irracionais insistem que a crise é insustentável. É o pensamento de que estamos passando por uma crise intolerável que causa tristeza, que pode se tornar uma depressão.

Essa análise talvez pareça severa e antipática. Quem está passando pelas emoções de perder um emprego ou alguma outra coisa precisa de apoio e sensibilidade, não de ser repreendido. Simplesmente ouvir "controle-se, comporte-se como um ser racional" não é tudo. Precisamos ajudar a pessoa a encontrar um espaço em que ela se sinta capaz de encarar algumas verdades difíceis sobre sua situação.

Na primeira vez de que me lembro ter me sentido deprimido, já adulto, nem percebi o que estava acontecendo comigo. Foi uma experiência de pequena importância e que durou pouco tempo, mas o contexto pode ser instrutivo. Eu tinha passado a manhã toda em uma reunião importante durante a qual foram tomadas algumas decisões que me pareceram de baixa qualidade; e todos os pontos que eu levantara tinham sido ignorados. Depois do almoço, percebi que não estava conseguindo trabalhar normalmente e que não tinha energia para me empenhar. Então conversei com outro monge e ele me ajudou a perceber que eu estava enfrentando o demônio da tristeza. Sou naturalmente uma pessoa alegre, de modo que a tristeza realmente não constava de meu repertório. Mas eu tive de admitir que, naquele momento, estava triste. Mesmo depois de tanto tempo, ainda me lembro daquele sentimento, embora não consiga recordar o conteúdo das discussões e decisões que o desencadearam. A emoção continua forte, mas o pensamento se enfraqueceu. Uma discussão tinha desencadeado a melancolia dentro de mim, uma série de pensamentos, alguns expressos, outros não; ou seja, foram os pensamentos que deflagraram o sentimento. Meus argumentos haviam sido ignorados. Eu acreditava que meu ponto de vista estava sempre correto e que não vencer uma discussão era simplesmente intolerável. Essa crença é muito comum, mas nem por isso deixa de ser irracional. Cassiano inclui entre as causas da tristeza "aquilo que procede de uma mentalidade irracional". Quando à perda se alia a mentalidade irracional, provavelmente teremos tristeza e depressão. A saída consiste em perceber que depositamos nossa esperança em crenças inúteis ("Estou sempre certo", "Nunca perco uma discussão") e, depois de ter constatado isso, decidir deixar essas crenças de lado. Então, podemos colocar nossa esperança em crenças dignas de nossa confiança, que nos permitam recuperar o equilíbrio e a perspectiva.

## A PERDA DE PERSPECTIVA

Uma das coisas mais perturbadoras que podem acontecer em nossa vida é a perda da perspectiva. Quando isso acontece, passamos a ver tudo por um prisma negativo e

# TRISTEZA

não temos ideia de como sair desse estado. Trata-se de um sério caso de perda da esperança, embora não atinja a gravidade do "desespero mortal", ao qual aludimos na seção anterior. Aqui, a verdadeira dificuldade é que é quase impossível percebermos sozinhos essa perda de perspectiva; é preciso que outra pessoa nos reconduza delicadamente ao ponto em que seja possível recuperá-la. Depois que a restauramos, podemos olhar para trás e ver o que tínhamos perdido, mas enquanto dura esse período não nos é possível perceber o que está ocorrendo.

Após a transmissão da série de televisão *The Monastery*, muitas pessoas nos procuraram para falar de seus problemas e pedir ajuda. Em geral, o fizeram por meio de cartas, às quais respondemos oferecendo o conforto que é possível quando se escreve. Também sugeríamos que procurassem conversar com o padre de sua paróquia ou com um profissional. Não podíamos nos prontificar a atendê-las pessoalmente, pois havia milhares delas. Mas abri uma exceção quando um amigo pediu que eu atendesse pessoalmente alguém que ele conhecia, um psiquiatra.

Ele era casado, tinha filhos adultos e, sem dúvida, tivera uma carreira bem-sucedida, mas agora que estava para se aposentar via-se tomado por emoções que não conseguia compreender. Ao acompanhar a série pela TV, disse ter tido um vislumbre de esperança, e esse era o motivo pelo qual queria falar comigo. Quando conversamos, sua depressão era palpável, mas havia ali mais coisas. Ele disse que não queria se consultar com outro psiquiatra porque pensava que sabia exatamente o que o colega faria e diria, e ele não queria isso. Então, do que ele precisava? Não tinha ideia, e

♦

aí estava o problema. Concordou em procurar seu clínico geral para a prescrição de um antidepressivo que o ajudasse a abrir um espaço onde nós pudéssemos analisar sua situação mais a fundo. Não tinha pensamentos suicidas, mas a vida não lhe oferecia alegria. Não havia crises nos seus relacionamentos familiares, e, contudo, a vida em família lhe parecia vazia; e ele só ia à igreja de vez em quando. Sua vida parecia sem propósito e o futuro afigurava-se igualmente vazio. Entretanto, vir a Worth, sentar-se na abadia e conversar comigo ofereceu-lhe grande conforto. Acabamos compreendendo que, além da depressão, existia a questão mais ampla da esperança: ele carecia dessa virtude e o único local em que era capaz de senti-la novamente era dentro do ambiente físico da nossa igreja. Não era tanto uma questão de reencontrar a religião, mas de retomar aquela experiência visceral da esperança. Agora, esta deixara de ser uma abstração para se tornar uma necessidade vital, que somente lhe parecia atendida quando ele estava no ambiente do mosteiro.

Ele participou de dois retiros em Worth e sentiu que suas experiências nessas duas situações afetaram-no profundamente. Da esperança renascida começou a fluir um sentimento de amor renovado, tanto pela família quanto pela vida em si. Aos poucos, bem devagar, começou a experimentar uma nova sensação de estar vivo e, com ela, a sensação de um envolvimento pessoal, não mais formal, com a Igreja. Aquele homem tinha recuperado sua perspectiva. A esperança havia se mostrado o alicerce existencial da fé e do amor.

TRISTEZA

## REMORSO

Cassiano acrescenta dois ensinamentos sobre a tristeza que podem surpreender o leitor moderno: explica por que a tristeza pode ser uma fonte de alegria e por que pode nos tornar infelizes. O primeiro caso parece contraditório e o segundo, uma insistência sobre o óbvio, mas lembre-se de que a tradição monástica tem uma noção muito particular de felicidade.

Cassiano recomenda uma espécie de tristeza que nos faz bem: a tristeza por nossas próprias faltas. Então, existe a tristeza boa e a tristeza ruim, e a boa é o pesar por minhas deficiências como pessoa. "Com uma espécie de alegria e instigada pela esperança de seu próprio progresso, a tristeza pelos meus pecados conserva toda a sua elegante cortesia e paciência." Reconhecer minhas próprias faltas, apesar de ser de fato uma tristeza, também pode ser uma fonte de alegria, uma vez que me leva a mudar para melhor e me ajuda a ser paciente com as outras pessoas.

Por outro lado, há a tristeza dirigida aos outros, que é "agressiva, impaciente, grosseira, cheia de rancor, de um pesar estéril e de um desespero punitivo... pois é irracional". Três efeitos negativos decorrem do meu aborrecimento com as faltas alheias. Em primeiro lugar, torno-me impaciente com os outros e posso me desesperar com suas deficiências. Depois, isso me distancia daquela espécie de tristeza que poderia racionalmente me ajudar, ou seja, a tristeza por minhas próprias faltas. Por fim, minhas orações são afetadas; e, embora isso não destrua a capacidade do monge para rezar, ainda assim "retira a eficácia da prece". Em

◆

outras palavras, o efeito da prece deveria ser o cultivo dos frutos do Espírito Santo, como o amor, a alegria e a paciência, mas a tristeza dirigida aos erros dos outros destrói essas qualidades. Cassiano deixa implícito que a pessoa que reza envolta por uma tristeza negativa estará perdendo seu tempo enquanto não se desvencilhar de sua raiva e depressão. Isto parece contundente, mas na prática podemos prová-lo: por mais que eu reze, se eu estiver continuamente aborrecido com as outras pessoas, não estarei desenvolvendo em mim a alegria e a paz, que são os frutos da verdadeira oração. Assim, o esclarecimento mais criativo de Cassiano sobre a depressão é a distinção entre ficar triste consigo mesmo, um sentimento que pode ser fonte de alegria, e a tristeza com os outros, que se torna um obstáculo à vida espiritual.

## CULPA CATÓLICA?

Se a única espécie de tristeza que Cassiano encoraja é aquela que sentimos por nossos próprios pecados, talvez você esteja se perguntando se isso não seria a boa e velha culpa católica. Para responder a essa dúvida, vamos distinguir "sentir culpa" de "ser culpado". Quando as pessoas sentem culpa, estão reconhecendo que fizeram algo errado, e essa percepção pode ter um sentido destrutivo ou construtivo. Algumas pessoas simplesmente se sentem culpadas e param por aí, "afundadas" nesse sentimento. Talvez reajam dessa maneira a fim de tornar o sentimento de culpa uma compensação por seus erros: dizendo "veja como me sinto mal por isso", elas supostamente se livram da necessidade de fazer algo para mudar. Nesse caso, a culpa bloqueia uma ação positiva. Outro tipo de culpa que bloqueia a ação é aquele que vem acompanhado pelo medo da descoberta e da punição: a pessoa pode dizer com seus botões "e se me pegarem?"; o medo de ser punida bloqueia sua evolução, porque a reparação exige primeiro que a culpa seja admitida. Podemos dizer que, no primeiro caso, a pessoa está "afundada na culpa", e que, no segundo, trata-se de um caso de "culpa temerosa". Os dois sentimentos são o que se conhece popularmente como "culpa católica", e ambos são destrutivos, porque paralisam a pessoa que fez algo de errado, sem lhe deixar uma abertura para seguir adiante.

Por outro lado, a verdadeira tradição católica defende uma resposta positiva à culpa justificada. Vale enfatizar que "culpa justificada" é aquela que tem por objeto uma verdadeira má ação, não um mero constrangimento ou o ato de ter infringido uma regra. Assim, o constrangimento com o mau comportamento do seu filho em público, ou por, sem querer, ter andado de ônibus sem pagar, deve causar vergonha e não culpa. Para a tradição católica, a culpa justificada diante de um problema sério é um sentimento positivo e representa os primeiros passos para o crescimento. Devemos sentir remorso pela incapacidade de amar que demonstramos hoje para que possamos amar mais amanhã. A completa ausência de sentimento de culpa após um erro grave compromete a nossa capacidade de crescer como pessoa. Em sua forma extrema, a ausência de remorso indica um estado mental patológico, um distúrbio grave de personalidade, que se verifica nos chamados assassinos patológicos, que matam e não sentem a menor culpa. A capacidade de sentir culpa justificada é uma parte importante da normalidade; entendida corretamente, a tristeza é um elemento vital da consciência. E uma consciência bem-formada, ativa, é um aspecto significativo da pureza de coração. A reação positiva à culpa é o que a tradição católica chama de arrependimento. O arrependimento é o elemento-chave na reação dos Padres do Deserto quando se percebem assoberbados por pensamentos negativos. A alegria advinda da tristeza pelos pecados pessoais é alcançada quando somos, o mais rapidamente possível, inteiramente honestos conosco mesmos, como se verifica neste episódio envolvendo o abade Poemen. Um irmão disse a Poemen: "Se eu caio em um pecado vergonhoso, minha consciência me ataca e me acusa, dizendo: 'Por que você caiu?'" E o ancião lhe disse: "Se, no momento em que se perder, disser, 'eu pequei', o pecado cessará imediatamente." A ênfase não recai sobre o passado, nem mesmo sobre o presente, mas sobre a saudável vida futura. Poemen, novamente: um irmão o procurou para perguntar o que queria dizer arrepender-se de uma falta. Poemen disse-lhe: "Não cometê-la outra vez no futuro." Quando sentirmos tristeza por nossos pecados, estaremos motivados a nos arrepender e evitar novas más ações. Isso é pureza de coração, a verdadeira felicidade interior em que a sensação de culpa não nos sobrecarrega, mas, em vez disso, liberta-nos para o futuro.

OS SALMOS

Um dos grandes remédios para todos os pensamentos é rezar os salmos; em especial, eles são muito úteis para

# TRISTEZA

enfrentar a tristeza. Os salmos nos recordam que não estamos sozinhos em nossa luta contra os demônios. Os autores desses cânticos sagrados expressam os pontos mais altos e os mais baixos de sua experiência humana, abrindo seu coração diante de Deus. Todos os demônios estão aqui, e, por isso, os salmos nos lembram não só de que Deus está conosco, mas de que também contamos com outros companheiros ao longo do caminho. Estes podem nos inspirar e encorajar, porque transformaram suas batalhas em orações. Essas orações, oferecidas ao céu, estão entre as mais sinceras que já foram escritas, repletas de raiva e maldições assim como de alegrias e júbilo. As atuais suscetibilidades impõem que a maioria das Igrejas omita os salmos em que aparecem as maldições, privando-os da plenitude de sua experiência humana. Em nossa luta para alcançar a pureza de coração, os salmos nos mostram que até mesmo os fracassos fazem parte do processo.

Um salmo – o de número 88 – é especialmente adequado ao demônio da tristeza. Ele começa dizendo: "Senhor, meu Deus salvador, de noite eu grito a ti", e no versículo 7 lemos: "Puseste-me no fundo da cova, em meio a trevas nos abismos." Normalmente, um salmo tão repleto de tristeza terminaria com uma afirmação triunfal da fé em Deus. Por exemplo, o versículo que traz as palavras de Jesus na cruz – "Pai, por que me abandonaste?" – é uma citação do Salmo 22, que no final diz: "Louvarei teu nome, Senhor... diante de toda a assembleia." Mas o Salmo 88 não termina desse modo; é desespero total, do começo ao fim. Suas derradeiras palavras são: "Tu afastas de mim meus próximos e amigos, a treva é a minha companhia."

Quando as pessoas, tomadas de profundo pesar ou desespero, me dizem que não conseguem rezar, eu as aconselho a simplesmente ler esse salmo. Por meio dele, podem manifestar a Deus a plena extensão de sua tristeza sem recorrer a artifícios para receber algum consolo. O mero fato de saber que podem oferecer sua experiência a Deus pode representar o começo, não tanto do consolo, mas do movimento de seguir adiante na vida, superando a tristeza.

Talvez o aspecto mais redentor da tristeza seja que ela, um dia, vai embora. Assim, com certa ajuda, podemos sobreviver a ela.

# SÉTIMO PENSAMENTO
# VAIDADE

*Até quando amareis o nada e buscareis a ilusão?*
Salmos 4, 1

Os seis pensamentos anteriores atuam ou sobre o corpo da pessoa (gula, luxúria e cobiça) ou sobre seu coração (raiva, tristeza e apatia espiritual). São deficiências humanas bastante comuns e podemos enxergá-las claramente em nós mesmos e nos outros. Os dois últimos pensamentos, entretanto, atuam na dimensão propriamente espiritual. São os demônios da alma – a vaidade e o orgulho –, que se mantêm ocultos e são difíceis de detectar.

Em latim, vaidade é *vanagloria*, uma composição de *vanus*, que significa vazio, e *gloria*, aqui denotando reputação; assim, *vanagloria* tem o sentido literal de "reputação vazia". A vaidade é a admiração que a pessoa sente não somente por sua aparência e características, mas também por suas realizações e habilidades. Para Cassiano, é o mais sutil dos demônios, porque "onde abundam as virtudes, a vaidade é sempre um perigo". Em outras palavras, quando dominamos com virtuosismo alguma habilidade, em especial a habilidade espiritual de conter os demônios do corpo e da mente, justamente quando pensamos ter alcançado o domínio sobre nossa vida espiritual, aí é que a vaidade ataca.

A vaidade se evidencia em atitudes como uma forte satisfação com nossas capacidades e características, às vezes associada ao narcisismo e à autoadmiração. É diferente do orgulho, na medida em que não envolve necessariamente o desejo de elogios. O orgulho implica nos colocarmos acima dos outros e, em última análise, acima de Deus, usurpando uma posição que não nos pertence. No próximo capítulo estudaremos o orgulho em mais detalhes.

Vale a pena indagar como esses sutis demônios da alma se relacionam com o moderno e ostensivo fenômeno da celebridade. Será a celebridade a mais recente manifestação do orgulho e da vaidade? Uma celebridade é a pessoa em geral descrita como famosa simplesmente por ser famosa. Enquanto antigamente as pessoas se tornavam famosas por suas conquistas e realizações, hoje elas alcançam a fama apenas porque aparecem nos meios de comunicação de massa. Mas esse fenômeno não é tão novo quanto se pensa. "A notoriedade, ou fazer barulho para o mundo todo ouvir, acabou sendo considerada uma coisa boa em si mesma, e algo a ser reverenciado." Esse comentário, tão contemporâneo, foi feito em 1849, pelo cardeal John Henry Newman. Talvez ele estivesse segurando um exemplar da revista *Caras* quando escreveu: "A notoriedade ou a fama dos jornais, como poderíamos chamá-la, se torna uma espécie de ídolo, cultuada por si mesma." Pode-se dizer que o aparecimento do jornal moderno na Inglaterra vitoriana teve este significado: "a notoriedade, tal como existe hoje, nunca poderia ter existido, em qualquer era anterior do

# VAIDADE

mundo". Nesse sentido, notoriedade e celebridade são elementos estabelecidos de longa data na cultura moderna, garantidos pelos meios de comunicação de massa.

Embora algumas celebridades sejam grandes realizadores no mundo dos esportes ou do entretenimento, por exemplo, outras são apenas pessoas que não fizeram mais que participar do *Big Brother*. No entanto, ser uma celebridade não é algo que acontece dentro da pessoa, não é algo que ela escolha para si; essa condição lhe é dada pelo público e pelos jornalistas. Portanto, é diferente da vaidade, que é uma atitude da pessoa em relação a si mesma, sem envolver mais ninguém. O vaidoso é responsável pela própria vaidade. Não obstante, a celebridade abre caminho para a vaidade; é raro encontrar uma celebridade modesta.

A celebridade que promove a vaidade influencia profundamente a cultura dos jovens. Não é incomum hoje em dia que, como resposta à milenar pergunta "o que você quer ser quando crescer?", se diga "famoso". Quando um amigo ouviu essa resposta de uma pré-adolescente, ele insistiu: "Famosa pelo quê?", e ela disse: "Só famosa." Em outras palavras, trata-se de fama sem substância, sem motivo. Com isso, voltamos ao sentido literal do latim *vanagloria*; o objetivo dessa garotinha é ter uma "reputação vazia".

## VAZIO

Assim, parece que o culto à celebridade está se apossando da alma das pessoas, tornando a vaidade algo a ser desejado e não evitado. Já comentamos que o caminho moderno para a felicidade geralmente consiste em insistir nos demônios, em lugar de rejeitá-los. O desejo de obter uma "reputação vazia" é um bom ponto de partida para tentarmos entender por que isso acontece. A resposta talvez seja que muitas pessoas hoje em dia acham que a vida não tem sentido e, por isso, procuram evitar o confronto com seu vazio interior. Em nossa sociedade, pouca gente tem a sensação de pertencer a uma comunidade, ou mesmo a uma família. Com o declínio da religião e o colapso das filosofias do século XX, o comunismo, por exemplo, tudo o que restou como referência ou visão de mundo foi o mero "sentir-se bem" sem prejudicar os outros, embora, em alguns sentidos, até isso esteja correndo risco. O fato é que praticamente não existe ligação entre as pessoas, e que elas não conseguem saber que rumo dar a suas vidas. A necessidade de estar sempre sentindo prazer se torna a insaciável força motriz dessa vida vazia. Naturalmente, os ricos podem comprar mais coisas "para se sentir bem" do que os pobres, mas a experiência da insaciabilidade é a mesma em todas as classes sociais. Então, para se sentir bem, as pessoas começam a ouvir os demônios. Paradoxalmente, portanto, para fugir do "vazio" as pessoas estão motivadas não só a ir em busca de uma "reputação vazia" como a desejar outros demônios "vazios" também.

 Recentemente, escutei sem querer a conversa entre um rapaz e uma moça de uns 20 e poucos anos. Estava claro que ele não tinha providenciado alguma coisa anteriormente combinada para o sábado. "Então, não temos nada para sábado à noite?!", ela gritou. Xingou o namorado e parecia perturbada, resmungando: "E agora, o que a gente vai fazer?" Ele ligou para algumas pessoas e, então, com ar de

# VAIDADE

triunfo, anunciou que tinha arrumado um programa. Nesse momento, a moça se transformou e deu um abraço afetuoso no rapaz. O medo inconsciente de deparar com o vazio pode justamente instigar as pessoas a ir em busca das excitações que os demônios oferecem. Cada um dos Oito Pensamentos parece propor alguma coisa com que preencher o vazio. Os três demônios do corpo – gula, luxúria e cobiça – são exemplos óbvios disso. Cada qual a seu modo, os três pensamentos do coração também podem ocupar o nada. Um estado latente de raiva é um modo eficiente de manter distância do vazio. Fico tão ocupado repreendendo as pessoas que não olho para mim mesmo. De um modo diferente, a depressão é uma emoção que, sem ser convidada, chega para ocupar um espaço aberto por algum tipo de perda; e a perda é a sensação de vazio onde antes havia sensação de plenitude. Por fim, a apatia espiritual é a recusa em permanecer espiritualmente sereno diante do vazio interior. A mesma coisa ocorre com a vaidade, que enche a minha vida com uma autoadmiração de fachada, destinada a bloquear a visão do meu próprio vazio.

Porém, quando as pessoas fogem do vazio em suas vidas e acolhem os demônios, acabam descobrindo que estes são, em si mesmos, vazios. Isto me faz lembrar um quadro pintado pelo célebre artista norte-americano Edward Hopper. Essa tela, intitulada *Excursion into Philosophy* [Excursão pela filosofia], mostra um homem de meia-idade, cabisbaixo, sentado na beirada da cama, lendo um livro. Atrás dele, na cama, está uma mulher seminua. O irônico subtítulo do trabalho é: "Relendo Platão tarde demais."

Ao longo deste livro, fiz várias referências breves ao Sermão da Montanha e, em particular, às Bem-Aventuranças. Agora chegou o momento de examiná-las mais a fundo, uma vez que oferecem uma solução profunda e inesperada para a vaidade e o vazio que experimentamos na vida.

## AS BEM-AVENTURANÇAS

Bem-aventurança é como se chamam os trechos bíblicos iniciados com "Bem-aventurados os que...". Essas passagens representam um desafio para os tradutores atuais, porque o termo *makarios*, em grego antigo, é difícil de transpor para as línguas modernas. Quem é *makarios* deve ser parabenizado, porque Deus está especialmente próximo dele. Esse é o sentido correto de "bem-aventurado". Mas esse termo não é do agrado dos tradutores modernos, porque os leigos não entendem o que é a proximidade com Deus.

Em inglês, o termo *makarios* costumava ser traduzido por *blessed*, "bendito". Atualmente, no entanto, no inglês vulgar, a expressão *bless him*, isto é, "que Deus o abençoe", é usada no sentido de prêmio de consolação em solidariedade para com os perdedores* – ou seja, no sentido oposto ao do significado da bênção bíblica, que é o prêmio número um de Deus para seus vencedores. Diante disso, os tradutores modernos têm preferido usar "felizes os que...". Ora, o leitor contemporâneo da Bíblia pode se perguntar por

...............
* A expressão é usada para expressar a pena que sente de alguém. (N. do E.)

# VAIDADE

que não baseei todo este meu estudo nas frases bíblicas que começam com "felizes os que...", uma vez que elas parecem conter a doutrina completa sobre a concepção cristã de felicidade. Mas "feliz" é uma tradução enganosa de *makarios*, o que se evidencia quando chegamos a trechos como "*makarioi* os que choram". Muitas coisas podem ser ditas sobre alguém que está chorando, mas, sem dúvida, não se pode dizer que essa pessoa esteja feliz. Uma tradução muito recente do trecho das bem-aventuranças começa cada frase com "parabéns a...", o que se aproxima um pouco mais do alvo. Bem, então, o que as bem-aventuranças estão realmente dizendo?

As três primeiras Bem-Aventuranças são:

Bem-aventurados os pobres em espírito,
porque deles é o Reino dos Céus.
Bem-aventurados os que choram\*,
porque serão consolados.
Bem-aventurados os mansos,
porque herdarão a terra.

Pobreza em espírito, mansidão, choro, todas essas são qualidades de pessoas desprovidas de vaidade. À primeira vista, parece que elas perderam algo: a riqueza, o sentimento de segurança, um ente querido. Mas dessa ausência Deus extrai outra realidade invisível, o Reino dos Céus. Esse Reino não é um local, é o poder de Deus atuando na vida, e esse poder atua melhor quando a pessoa admite

...............
\* Tradução direta da citação em inglês. Na *Bíblia de Jerusalém*, o trecho diz "bem-aventurados os aflitos". (N. do E.)

♦

167

que alguma coisa lhe falta. O vaidoso não pode conhecer esse poder, porque só recorre a suas próprias forças, enchendo a vida somente com as suas coisas, de modo que um poder alheio não consegue penetrá-lo.

A verdade que achamos difícil de aceitar sobre a vida é que ser humano é ser vulnerável. Gostaríamos, antes, de acreditar que ser humano é estar seguro. Assim, gastamos nossa energia para dar a impressão de estarmos seguros e convencer a nós mesmos de que somos pessoas seguras. Isso é vaidade. Ao contrário, deveríamos trabalhar para aceitar nossa vulnerabilidade como uma dádiva que nos permite receber o amor e a ajuda das outras pessoas. A vulnerabilidade dos outros, por sua vez, é a carência que podemos preencher com o nosso amor e o nosso apoio. A vaidade impede todo esse processo; o vazio do exclusivo amor por si interrompe o fluxo do amor entre as pessoas.

Entretanto, isso não nos exime de ser firmes quando se trata de combater a injustiça. As cinco Bem-aventuranças restantes tratam disso.

>    Bem-aventurados os que têm fome e sede de justiça,
>    porque serão saciados.
>    Bem-aventurados os misericordiosos,
>    porque alcançarão misericórdia.
>    Bem-aventurados os puros de coração,
>    porque verão a Deus.
>    Bem-aventurados os que promovem a paz,
>    porque serão chamados filhos de Deus.
>    Bem-aventurados os que são perseguidos por causa da justiça,
>    porque deles é o Reino dos Céus.

# VAIDADE

Enquanto as três primeiras Bem-aventuranças descrevem aqueles cuja condição de vida os torna especialmente receptivos a Deus, as outras cinco falam dos desafios morais da vida. Elas deixam claro que a busca ativa de justiça e paz é outro contexto em que o Reino dos Céus se manifesta. Essa fome de justiça, porém, deve ser combinada com a atitude vulnerável descrita nas três primeiras Bem-aventuranças. Esse é o desafio cristão: buscar justiça com pobreza de espírito, sem ira e sem vaidade. O poder de Deus sente fome e sede de paz e justiça, mas sem rancor. É inacreditavelmente difícil para os seres humanos ter fé e viver dessa maneira. Mas isso pode acontecer. Em 1955, por exemplo, Rosa Parks, uma mulher negra, simplesmente se recusou a ceder seu lugar no ônibus para um homem branco – um manso ato de justiça que deflagrou o movimento pelos direitos civis e mudou a face dos Estados Unidos. Isso é a pureza de coração em ação, uma qualidade árdua de ser conquistada e que se compraz simplesmente em fazer a coisa certa porque é certa. Essa é a felicidade que propositalmente ignora o "sentir-se bem" a fim de trilhar o caminho da justiça.

## "VOCÊ ESTÁ ME DESRESPEITANDO"

A fim de evitar que uma ação correta se transforme em uma atitude hipócrita e arrogante, precisamos distinguir o respeito próprio (ou autorrespeito) da vaidade. O termo "respeito" adquiriu um espectro tão largo de aplicações que agora descreve tudo, de políticas oficiais (programas voltados para o respeito social) a emoções intensas (o respeito como parte do amor). Atualmente, o respeito é deliberadamente promovido pelas comunidades como um antídoto para o vandalismo e por algumas empresas como o ingrediente essencial a uma liderança comercial bem-sucedida, ao mesmo tempo que o respeito pelos direitos humanos é um ingrediente da atuação política. Se hoje o respeito é visto como necessário em tantos setores da vida, é porque a possibilidade do desrespeito também se tornou mais frequente. Por exemplo, recentemente um adolescente foi preso e condenado por agressão depois de ter batido em um homem quando ambos desciam de um vagão de trem abarrotado. O adolescente alegou ter sido "desrespeitado" pelo homem. Durante as investigações, veio à tona que o homem agredido simplesmente o empurrara. Atualmente, "respeito" é uma palavra de conotação muito ampla e carregada, e as pessoas rapidamente acusam as outras de não o demonstrarem na medida adequada em diversas situações pessoais, sociais e políticas.

Para que possamos voltar a usar essa palavra com mais equilíbrio, analisemos seu sentido original. Em latim, *respicere* significa olhar com grande intensidade para alguma coisa. Mas, para a tradição católica, o "respeito humano" é uma coisa ruim. Porque significa avaliar de perto a situação financeira de uma pessoa e, então, demonstrar uma injusta parcialidade por ela ser rica ou influente. É por isso que a estátua do lado de fora dos tribunais é uma figura vendada segurando as balanças da Justiça: precisamente para mostrar que o prestígio social de uma pessoa não a fará mais respeitada pela justiça. Isso significa que o sistema jurídico deve executar uma tarefa sutil: deve promover o respeito *pelos seres humanos*, mas não o respeito *humano*. Deve considerar os direitos legais do indivíduo seja qual for sua posição na sociedade. Aplicando essa mesma conclusão ao respeito próprio, cada qual pode ter interesse em promover o respeito por si mesmo, mas isso sempre deve ser feito dentro das devidas proporções. Na prática, isso quer dizer que todos têm direito à justiça, mas não a um tratamento especial. Retomando o caso do adolescente que foi empurrado no trem: se o chacoalhão foi intencional, é certo que foi injusto. Se tiver sido apenas por pressão da multidão, o adolescente não tinha direito a esperar um tratamento especial. Em uma situação como essa, o homem de coração puro dará o benefício da dúvida à teoria da pressão da massa humana e não permitirá que sua raiva o leve a atacar outro passageiro para fazer justiça. Sem dúvida, ele se sentirá mais feliz assim. Nessa medida, o autorrespeito é uma variação da autoconsciência. Devemos estar atentos não somente aos atos das pessoas à nossa volta, mas também ao nosso mundo interior. A pessoa vaidosa considera cada desentendimento e cada erro humano como uma afronta pessoal, um ataque ao seu respeito próprio: "Você está me desrespeitando" pode ser simplesmente uma forma vaidosa de dizer "Estou com raiva porque você cometeu um erro". O respeito próprio falso é o que nos faz atacar alguém que também é um passageiro, como nós, e que, por acaso, nos empurra no meio da multidão. O respeito próprio verdadeiro é o da mulher negra que se recusa a ceder seu assento no ônibus a um homem branco. A autoconsciência do coração puro nos permite discernir a diferença entre as duas atitudes.

## O ENGANO DA VAIDADE

A maior diferença entre a vaidade e os outros demônios, segundo Cassiano, é que ela redobra seus ataques quando é repelida. Assim, por exemplo, se conseguimos controlar a alimentação, a ideia da gula se enfraquece. Mas, quando a vaidade enfrenta resistência, retorna com o dobro da força. Isso se deve ao fato de ela estar atrelada ao exercício das virtudes. Quando levanto a voz em defesa da justiça, isso mostra quanto sou forte e corajoso. Quando me mantenho sóbrio e casto, sinto-me satisfeito comigo mesmo. "Mesclada com as virtudes... a vaidade engana os desatentos e os incautos", diz Cassiano. A parábola de Jesus sobre o fariseu e o cobrador de impostos ilustra esse ponto. Em sua prece a Deus, o fariseu enumera todas as suas virtudes (é importante saber que ele, de fato, tinha todas essas virtudes) e então agradece a Deus por não ser como as pessoas comuns; ele é especial. O cobrador de impostos simplesmente pede a Deus que tenha piedade dele, um pecador.

Cassiano descreve também uma forma sutil de vaidade que poderia ser chamada de vaidade invertida. Ela está presente quando alguém nos conta como poderia ter facilmente conquistado riqueza e fama se tivesse insistido em suas ambições terrenas, de modo que agora se vangloria de tudo o que recusou. Isso "o faz inchar com uma esperança vã perante as incertezas e o preenche com uma vaidade presunçosa das coisas que ele nunca possuiu". Essa tentação é própria dos monges, mas também deparei com ela em outras pessoas, que se dedicavam a servir os outros.

# VAIDADE

Novamente, o demônio da vaidade se aferra à virtude e dela não desgruda.

Cassiano avisa que a pregação é um momento em que a vaidade gosta muito de atacar. Por esse motivo, ele prefere que os monges evitem tornar-se sacerdotes, e narra o curioso episódio de um monge que, sozinho em sua cela, entoa todas as orações da Missa e prega um sermão – só para si. Eis um exemplo consumado de alguém que adora ouvir o som da própria voz. Às vezes, os monges eram (e continuam sendo) solicitados por seu abade ou pelo bispo local a se tornarem padres. Cassiano aconselha os monges a evitá-lo e, ao mesmo tempo, a evitar os comentários lisonjeiros de mulheres leigas, sempre dispostas a elogiá-los e dizer-lhes como são maravilhosos. Ele resume este ponto com uma frase memorável: "O monge deve fugir a todo custo das mulheres e dos bispos."

O remédio consiste em se lembrar de não fazer nada simplesmente em nome da fama; se fazemos alguma coisa virtuosa por amor à fama, perdemos o mérito dessa virtude. Em especial, Cassiano insiste em que a pessoa persevere, sem hesitação, naquilo que começou, a fim de não permitir que a vaidade se insinue. Persevere porque é o certo, não porque causa boa impressão. Devemos fazer o que é certo aos olhos de Deus, não aos olhos dos seres humanos.

Então, quando a vaidade é derrotada, que virtude a substitui? A virtude oposta à maioria dos demônios é razoavelmente óbvia: a moderação se opõe à gula; a castidade, à luxúria; e assim por diante. A humildade é o oposto do orgulho, não da vaidade. A virtude que derrota a vaidade é a magnanimidade. Derivada do latim *magnus animus*, essa palavra significa literalmente "alma grande", ou, mais coloquialmente, coração grande. Ter um coração grande é o oposto de ser vaidoso. A pessoa vaidosa raramente é generosa de verdade; quando ama, é para receber amor; quando presenteia, é para ouvir um muito obrigado. Para sentirmos um contentamento genuíno quando damos algo nosso para alguém, precisamos de um coração puro. O uso mais comum do termo "magnânimo", hoje em dia, ocorre no campo dos esportes, quando se diz que um atleta foi "magnânimo na derrota", porque elogiou a competência de quem o venceu.

Retornando agora ao nosso ponto de partida, o antídoto para a glória vazia é o coração generoso. Naturalmente, isso não depende de ter riquezas para distribuir; depende de uma atitude interior de amor. O oposto da cobiça é a liberalidade, que se manifesta na distribuição de bens materiais. A vaidade, entretanto, é um demônio da alma e, por isso, o que a derrota é a generosidade da alma, não do corpo. A alma magnânima é aquela capaz de afirmar o seu verdadeiro valor e o das outras pessoas sem precisar se apresentar como especial.

Para a tradição cristã, a Virgem Maria é um ícone da magnanimidade que se opõe à vaidade. A oração que sai de seus lábios após o anúncio do anjo Gabriel de que ela dará à luz Jesus ilustra esse ponto. Nos dois primeiros versos de seu cântico, o *Magnificat*, a Virgem Maria afirma magnanimamente a grandeza de Deus e sua própria insignificância*:

───────────
* Tradução direta da citação em inglês conferida com a *Vulgata Latina*. (N. do E.)

# VAIDADE

A minha alma engrandece o Senhor
E o meu espírito exulta em Deus, meu Salvador,
Porque olhou para a humildade da Sua serva.

Depois, Maria faz uma afirmação surpreendente:

Portanto, eis que doravante todas as gerações me chamarão bem-aventurada:
Pois o Poderoso fez em mim grandes coisas,
E Santo é o seu nome.

Essa frase poderia ser entendida como o cúmulo da vaidade, mas na verdade é o oposto. Assim como nas bem-aventuranças, também aqui ser bem-aventurada é ser parabenizada por uma ação especial de Deus em sua vida. Maria afirma que as futuras gerações a congratularão pela obra de Deus em sua vida. Trata-se de uma afirmação magnânima do trabalho de Deus, não de seus esforços pessoais. A oração prossegue dizendo que, através dela, Deus "favoreceu a Israel, Seu servo". A Virgem Maria afirma que Deus oferece um tratamento especial a todo o Seu povo. Vimos antes que o objetivo da pessoa vaidosa é obter um tratamento especial. Contudo, é precisamente isso que Deus está concedendo ao Seu povo. Qual a diferença, então? O tratamento especial que a vaidade pretende é este: o vaidoso exige ser considerado especial a fim de mascarar o seu vazio interior. Já o tratamento especial de Deus é uma dádiva sem ônus, concedida àqueles que não se consideram especiais. A fé cristã chama esse tratamento especial de "graça de Deus". "Ave Maria, cheia de graça", disse o anjo, e todas as gerações de cristãos, desde então, têm repetido as mesmas palavras, a fim de expressar aquilo que também elas esperam receber.

A tradição monástica entende a graça como um elemento essencial para que os demônios possam ser verdadeira e cabalmente superados. Mas o demônio do orgulho, o último e o mais pernicioso deles, conserva nosso coração fechado para essa dádiva.

# OITAVO PENSAMENTO
# ORGULHO

*Que os humildes ouçam e se alegrem\**
Salmos 34, 3

Se a vaidade é a satisfação presunçosa consigo mesmo, o orgulho, ou soberba, é uma noção desmesurada da própria importância. É comum orgulho e vaidade andarem juntos, mas é bem possível que um exista sem a outra, e vice-versa. Alguém pode se sentir intimamente muito satisfeito consigo mesmo sem ficar se promovendo para os outros; do mesmo modo, uma pessoa que se acha importante pode ter facilidade para admitir as próprias fraquezas. O orgulho, porém, é mais grave do que a vaidade; na tradição cristã, inclusive, é considerado a origem de todo mal.

Antes, porém, de analisarmos mais de perto o pecado do orgulho, precisamos distingui-lo do orgulho considerado virtude. Por exemplo, é comum as pessoas falarem de seu orgulho pelo trabalho que realizam. Não há problema nesse orgulho se ele significar o contentamento pelo serviço bem executado e a alegria com o reconhecimento obtido; por outro lado, se ele acarretar um inchaço da noção que

---
\* Tradução direta da citação em inglês conferida com a *Vulgata Latina*. (N. do E.)

a pessoa tem de sua própria importância, será necessariamente prejudicial. O perigo está em o orgulho transformar a autoestima em "autoimportância".

Se o orgulho está sempre na origem de tudo o que dá errado em nossa vida, não será preciso procurar muito longe para comprovar sua atuação. Assim como a vaidade, o orgulho é um demônio sutil, que sempre encontra modos socialmente aceitáveis de se expressar. Portanto, podemos começar pelas maneiras atualmente aceitas pelas quais as pessoas demonstram a incrível importância que atribuem a si mesmas.

## MANTER-SE OCUPADO

A primeira delas é se manter ocupado. Aqui, a noção essencial é que as pessoas importantes são ocupadas e, por isso, se não estamos ocupados, não somos importantes. Tanto é que, quando perguntamos a alguém: "Como vai?", é comum ouvirmos a resposta: "Sempre ocupado", ou: "Trabalhando bastante", em um tom de voz otimista, em *crescendo*. Se, diante disso, dissermos algo como: "Puxa, que pena!", a outra pessoa vai pensar que não entendemos nada. "Ocupar-se para ser importante" é uma manifestação da cultura da ocupação.

Não pretendo condenar quem trabalha bastante, mas, sim, criticar aquelas atividades que, de tão envolventes, acabam excluindo todas as outras dimensões da vida. Às vezes, as pessoas se consideram ocupadas embora não estejam trabalhando bastante de modo nenhum; o fato de dizerem que estão muito ocupadas é uma tentativa orgulhosa de encobrir sua preguiça e manter o restante da vida em compasso de espera. Já aqueles que de fato estão trabalhando bastante geralmente aceitam de bom grado algum serviço extra, porque não se consideram ocupados e conseguiram manter a vida em equilíbrio, dando duro, mas com limites. A cultura da ocupação é um tipo de mentalidade.

Deparei com o meu exemplo favorito de mentalidade da ocupação quando fui fazer um sermão de Natal na penitenciária de Lewes. Depois de passar pela rigorosa inspeção de segurança, no portão, fui escoltado até um saguão. Era a minha primeira visita ao local, mas, enquanto eu caminhava pelo corredor, um prisioneiro que eu até então não conhecia se aproximou e me disse educadamente: "Desculpe não poder comparecer ao serviço esta noite, Padre, mas estou um pouco ocupado." É a cultura da ocupação que se infiltra nos presídios e até nos mosteiros. Em ambos os lugares as pessoas vivem em celas, um alojamento isolado e especialmente destinado a eliminar toda possibilidade de elas se ocuparem e se sentirem importantes. Não obstante, até esses contextos podem ser subvertidos pela força que tem a cultura da ocupação. Então, o que é essa cultura que consegue penetrar até nos mosteiros e prisões?

Hoje em dia, as pessoas são instigadas a trabalhar cada vez mais para pagar sua hipoteca e sustentar um estilo de vida que suas famílias consideram a fonte da felicidade. Depois, precisam comprar um pacote turístico de férias para se aliviar do estresse de tanto trabalho, o que acarreta ainda mais trabalho para pagar as prestações desse passeio. Esse é o cerne da cultura da ocupação, que já foi habilmente descrita como a esteira rotativa do prazer. Não obstante, as pessoas não querem descer da esteira, porque só existe uma coisa pior do que estar ocupado: estar desocupado. As pessoas temem o desemprego. É compreensível que receiem perder os rendimentos que o emprego lhes dá, mas elas também têm medo de perder sua importância. Deixar de estar ocupado é deixar de ser importante. Por isso, entre os diversos motivos existentes para se manter dentro da cultura da ocupação, um deles é o orgulho.

## TER AMIGOS

A geração mais jovem, que não tem hipoteca para quitar, é menos ocupada, mas tem outras maneiras de expressar sua própria importância. O pequeno círculo de amigos íntimos é a chave neste caso: a felicidade é alcançada quando se tem um círculo de amigos, mas também a tecnologia, que permite manter com eles uma constante comunicação. Mensagens de texto e ligações pelo celular, *e-mails* e comunidades na *web* são partes essenciais dessa cultura da "amizade". Além de manter os amigos unidos, essa tecnologia de comunicação entrou em uma relação simbiótica com a mídia e a indústria musical. A música e a mídia de massa são elementos essenciais do grupo de amigos. Nem todos os jovens adotam todas essas referências, mas a maioria deles aprova algumas delas, consciente ou inconscientemente.

A cultura de "ter amigos" como expressão da autoimportância precisa ser brevemente elucidada, pois, à primeira vista, pode parecer que estou demonizando um aspecto altamente valorizado da vida. Em si, é claro que é bom ter amigos. O que torna potencialmente destrutiva a atual e peculiar versão juvenil do cultivo de amizades é a narrativa que a envolve. Ou melhor, o problema está na ausência de uma narrativa mais abrangente. O pequeno grupo de amigos mais chegados e os familiares imediatos carregam hoje todo o peso da existência do jovem; nenhum outro grupo tem um papel de continuidade. O indivíduo só tem o dever de gerar felicidade entre seus amigos e parentes. O contexto mais abrangente da vida se resume a isto: se todos gerarem felicidade em escala local, a soma de todas as parcelas de felicidade será uma experiência global de felicidade. Essa é a geração à qual nada falta e que, por isso, não enxerga a necessidade de ter uma visão mais ampla da vida. Seu mundo tem sentido assim como é, e não é preciso imaginar nenhum significado derradeiro ou mais profundo para ele.

A cultura de "ter amigos" gera no grupo uma noção exagerada de sua própria importância e exclui conscientemente a importância maior de quaisquer concepções políticas, filosóficas ou religiosas. Na realidade, essas concepções são amiúde condenadas hoje em dia, e vistas como a fonte da infelicidade no mundo. Ao passo que o cultivo de amigos é visto como a única fonte confiável de felicidade. Isso se explica em parte pelo fato de, em nossas escolas, os estudantes serem instruídos a desconstruir todas as filosofias e histórias; serem educados para desconfiar de tudo o que tenha a pretensão de ser uma grande interpretação da vida. Mas, no fundo, o principal motivo para eles não acreditarem nessas concepções de maior alcance é que a vida vai muito bem exatamente do jeito que está. Por que todo o mundo não pode simplesmente ser feliz?

## MORTE INFELIZ

Existe um fato perturbador que vai contra a corrente dessa visão juvenil da felicidade: tanto na Inglaterra como nos Estados Unidos, os índices de suicídio entre adultos têm caído nas últimas décadas, mas têm aumentado entre os adolescentes. Em *Bowling Alone* [Jogando sozinho], um livro campeão de vendas, Robert Putnam usa indicadores do Serviço Nacional de Saúde dos Estados Unidos para salientar amargamente esse fato: "Os norte-americanos nascidos nas décadas de 1970 e 1980 mostraram-se de três a quatro vezes mais propensos a cometer suicídio do que pessoas da mesma idade nascidas na metade do século." Por que os adolescentes com mais benefícios materiais da história estão se matando nessa escala? A depressão desempenha aí um papel altamente destrutivo, como dissemos no capítulo sobre a tristeza. Mas esse fator é comum também à população adulta e não explica o índice mais elevado de suicídio entre adolescentes.

A resposta, segundo Putnam e outros, está no isolamento social. Diminui cada vez mais o número de jovens que participam de clubes comunitários, que se filiam a partidos políticos ou que vão à igreja. Essa geração pertence a muitos grupos informais, mas se recusa a ingressar em qualquer comunidade de maior duração. De boa vontade participam de eventos que só ocorrem uma vez, mas, como desconfiam das instituições, relutam em tomar parte de clubes ou de outras organizações. Querem pertencer a um grupo, mas não querem ingressar nele. Algumas pesquisas realizadas nos Estados Unidos sugerem que os jovens estão passando cada vez mais tempo sozinhos. Isso significa que, se não conseguem fazer amigos com facilidade, ficam completamente isolados, porque, exceto a escola, não existem outras estruturas formais que os ajudem a criar relacionamentos. Mesmo que consigam fazer amigos, a pressão para que tenham um conjunto bem-sucedido de relações e namoros é tão intensa que qualquer fracasso nesse sentido é insuportável. Em uma vida que só se sustenta à base de relacionamentos com poucos amigos, quando essas ligações dão errado, não há para onde ir. O aumento no número de pais ausentes por um enorme conjunto de motivos exacerba a situação, assim como a grande mobilidade social, que faz com que os avós fiquem distantes.

Como acreditam que os amigos íntimos são as únicas pessoas realmente importantes na vida, os jovens arcam totalmente com o ônus do apoio existencial aos seus poucos amigos, o que faz com que se sintam exageradamente importantes, sentimento partilhado pelos outros integrantes do grupo. Fora do grupo, ou quando este se desfaz, os adolescentes mostram-se pessoas bastante isoladas. Paradoxalmente, a cultura do "ter amigos" é um dos motivos para o maior isolamento social dos jovens na atualidade.

## BEM-AVENTURADOS OS NÃO OCUPADOS

Precisamos encontrar maneiras de fazer com que as pessoas enxerguem suas vidas em um contexto mais amplo, que ofereça um significado existencial mais abrangente. As duas culturas, a de se manter ocupado e a de ter amigos, proporcionam às pessoas uma rápida e exagerada sensação da própria importância, que induz um intenso sentimento de satisfação interior, tornando-se, assim, a expressão ideal do significado contemporâneo de felicidade. Mas, para que a pessoa se sinta continuamente bem, as atividades de manter-se ocupado e de ter amigos passam a ser manifestações frenéticas de orgulho, em vez de expressões espontâneas de generosidade e amor.

É preciso que nos ocupemos e tenhamos amigos. Mas, no fundo, nossa atividade e nossos amigos são dádivas que guardamos, não direitos a serem preservados. Sentiremos uma felicidade muito maior em tudo o que fizermos e em todos os nossos relacionamentos se os considerarmos com o coração puro e não como consumidores. O modo pelo qual isso pode se realizar foi apresentado por Jesus nas Bem-aventuranças, às quais voltamos novamente.

Vemos que Jesus está falando de pessoas que não participam da cultura do "ocupar-se para ser importante": os pobres em espírito, que sabem que não são importantes; os mansos, que, por definição, não são importantes perante si mesmos; os pacíficos, por serem modestos; os puros de coração, que são despretensiosos. Jesus descreve uma cultura alternativa, na qual ninguém é importante e todos têm tempo para os que são insignificantes. Esse é o seu reino, um lugar para aqueles que não se encaixam na cultura da ocupação. Uma das tarefas essenciais da Igreja é ser o avesso da cultura do "ocupar-se para ser importante": uma comunidade de pessoas sem importância, na qual, porém, todos que para ela se voltam se sentem significativos. Cada um de nós precisa encontrar conscientemente uma maneira de deixar de lado a tendência constante de "ocupar-se para ser importante". Podemos fazer isso perdendo tempo de modo criativo, brincando com os nossos filhos ou doando tempo para quem, no plano material, não tem nada para dar em troca, como os solitários e os enfermos. Podemos fazer isso perdendo tempo espiritualmente, meditando ou lendo livros espirituais. Todos nós sabemos que esse "tempo perdido" nos deixa mais felizes do que qualquer montante de "ocupação". A razão disso está em que esses são atos de generosidade amorosa, praticados com um coração puro.

Além de mencionar aqueles que aparentemente não são importantes, as Bem-aventuranças também descrevem os que padecem com relacionamentos perdidos: os que choram a morte de um ente querido, os perseguidos e os caluniados. Até mesmo os misericordiosos fazem parte do mundo dos relacionamentos perdidos, uma vez que perdoam os que os magoaram. São os que vivem perdas em suas relações, aqueles para quem não existe um círculo de amigos, ou cujo círculo de amigos se rompeu. Jesus chama a atenção para aqueles cujos relacionamentos deram errado. Esse contexto de rupturas é onde Deus atua; é outra parte do Reino de Deus. Da mesma maneira que a perda de tempo criativa ou espiritual neutraliza o orgulho de se sentir ocupado e, portanto, importante, o ato de acolher os que não são amigos neutraliza o orgulho de ter um círculo de amigos. A comunidade que Jesus e seus discípulos cultivavam não era simplesmente um grupo coeso de amigos. Era um grupo que ultrapassava as barreiras sociais habituais e incluía um grande número de estrangeiros. Estrangeiros, aqui, quer dizer não apenas as pessoas socialmente excluídas, caso dos leprosos e dos cobradores de impostos, mas também, simplesmente, grandes contingentes de outras pessoas, tão grandes que essas pessoas não conheciam umas às outras. Essa era a característica dos primeiros cristãos que tanto espanto causava, o fato de eles serem tão generosos com tanta gente. Essa é a verdadeira comunidade: o grupo que vai além da amizade. Relacionamentos assim são difíceis e exigem ao mesmo tempo humildade e generosidade para vencer o orgulho que nos mantém a salvo em nossos mundinhos de permanente ocupação.

## COMO O ORGULHO AGE

Para escaparmos do orgulho, precisamos conhecê-lo e entender como ele funciona. Cassiano descreve dois tipos de orgulho: o de nos colocarmos acima das outras pessoas (orgulho carnal) e o de nos colocarmos acima de Deus (orgulho espiritual).

O orgulho carnal é mais comum e tem a ver com o monge que rejeita a vida normal da comunidade. Especificamente, ele se considera acima do restante do grupo e, às vezes, é indelicado com os outros monges. Não está contente com a pobreza do mosteiro e tenta manter algumas posses particulares. Mesmo que tenha êxito e domine alguns demônios, sua vida se ergue sobre um sentimento de orgulho e, por isso, os demais esforços virtuosos são todos estritamente pessoais e não perdurarão. É um monge desconfiado, ruidoso e obstinado, que facilmente sente raiva e nunca pede desculpas. Acima de tudo, alega estar buscando a vida espiritual, quando, na realidade, está atrás da satisfação de seus desejos particulares.

## ORGULHO

O monge que peca por orgulho carnal parece uma pessoa bastante desagradável de ter por perto. Mas, olhando com cuidado, podemos comprovar que, de fato, quase todos nós temos algo do monge carnal em nós, especialmente quando nos deixamos levar pela mística do "ocupar-se para ser importante". Precisamos nos lembrar constantemente de não querer que as coisas aconteçam sempre do nosso jeito, de conter nossas suspeitas acerca dos outros e de discernir entre os nossos desejos e o que é bom para os outros. Em outras palavras, devemos buscar conscientemente a humildade. Em seus piores aspectos, a cultura da ocupação se ergue sobre o orgulho carnal, e só podemos combater seus efeitos perniciosos aceitando a necessidade de sermos mais humildes. Isso nada tem a ver com humilhação, ou seja, a imposição cruel de uma condição inferior. A humildade é uma forma honesta de abordar a realidade da vida e reconhecer que não somos mais importantes que as demais pessoas. Aqueles que têm a responsabilidade de tomar decisões pelos demais precisam ter isso em mente, mesmo quando suas tarefas implicam julgar os outros. "*There but for the grace of God go I*"[*]: esse ditado nos remete a uma profunda verdade sobre nós mesmos, mas também à verdade cada vez mais esquecida de que todas as virtudes são uma dádiva de Deus. Para combater o orgulho carnal da cultura da ocupação, precisamos pedir a Deus que nos conceda sua graça.

...............
[*] Frase feita que significa "não fosse pela graça de Deus, eu estaria na mesma situação ruim" de outra pessoa que fez ou recebeu algum mal. (N. do E.)

◆

A atuação do orgulho espiritual é igualmente repugnante. Cassiano conta a história de Lúcifer como exemplo de um ser que estava a tal ponto preso em seu próprio mundo que acabou se colocando acima de Deus. Lúcifer era o mais belo e talentoso de todos os anjos, mas pensou que, se usasse esses dotes a serviço de seus próprios desejos, seria feliz. A teologia clássica diz que somente Deus é autossuficiente, isto é, não depende de nenhuma outra vontade além da sua. Lúcifer caiu em desgraça porque começou a acreditar que o que era verdadeiro apenas para Deus também deveria sê-lo para si. Achou que, para ser feliz, não necessitava de nenhum outro ponto de referência além de si mesmo. Então Deus deu-lhe o que ele queria e deixou-o entregue aos seus próprios recursos. Lúcifer começou a viver segundo o seu próprio arbítrio e descobriu que tinha a liberdade de alcançar qualquer coisa, menos a bondade e a felicidade. Assim, tornou-se prisioneiro de sua própria vontade. Esse é o perigo que espreita a cultura jovem contemporânea: pessoas atraentes e talentosas podem se tornar prisioneiras de seu próprio mundinho.

TER FÉ

O cântico de Maria, o *Magnificat*, contém importantes esclarecimentos sobre como ir além deste mundo de orgulho carnal e espiritual. Depois dos versículos que citamos no capítulo anterior, a Virgem diz*:

...............
* Tradução direta da citação em inglês conferida com a *Vulgata Latina*. (N. do E.)

## ORGULHO

> Manifestou o poder do seu braço
> e dispersou aqueles que se orgulhavam na imaginação de seus corações.
> Derrubou os poderosos de seus tronos
> e exaltou os humildes.

Em sua oração, Maria identifica a fonte do orgulho: a imaginação, que é também a origem da cobiça. Então continua:

> Encheu de bens os famintos
> e despediu vazios os ricos.

Quanto mais nos achamos importantes, mais nós consumimos; e, se nos sentimos insignificantes, o *marketing* nos ensina quais são as coisas que temos de comprar para nos tornar importantes. Nossa imaginação é instigada pela cultura de consumo a querer mais coisas e mais importância. A história cristã nos oferece alternativas criativas à falsa importância da cobiça e das ocupações. Por meio do cântico de Maria, das parábolas e do desafio à nossa imaginação que é a ressurreição de Jesus, o Evangelho nos convida a vislumbrar novos meios de nos livrar dos pensamentos destrutivos. Algumas pessoas simplesmente se recusam a imaginar um mundo em que ninguém sinta raiva, ninguém cultive a cobiça, um mundo em que os orgulhosos sejam dispersos. Elas estão viciadas na imagem atual de como as coisas são.

Imaginar assim, conforme o Evangelho, não é devanear. Ao contrário, é estar completamente dedicado, de corpo, coração e alma, à construção de novas formas de viver, em âmbito local e global. Exercitar a imaginação não é dizer "não seria ótimo se...?". É estar envolvido com outras pessoas na tarefa de enfrentar criativamente as questões que se apresentam a nossas famílias, comunidades e nações. Podemos nos inspirar no papa João Paulo II, que imaginou o colapso do comunismo soviético quando este parecia tão forte; em Leonard Cheshire, que imaginou sua casa como um local para aqueles que não podiam mais cuidar de si mesmos; em William Wilberforce, que imaginou um mundo sem escravos. Se os orgulhosos estão perdidos naquilo que seus corações imaginam, os humildes são inspirados a buscar grandes realizações pela imaginação de seu coração puro. A humildade de Maria consegue feitos maiores do que o orgulho do mundo jamais poderá imaginar.

## PASSOS FINAIS

No início deste livro, mencionamos os Doze Passos dos Alcoólicos Anônimos, e, nos quatro passos intermediários, encontramos uma descrição da autoconsciência que nos permite recuperar a vida interior, para assumi-la verdadeiramente. Os cinco passos finais do programa dos AA descrevem como, depois de termos desenvolvido a autoconsciência, podemos fazer a escolha fundamental que nos permite ir além de nós mesmos. São eles:

OITAVO PASSO:
Fizemos uma relação de todas as pessoas que tínhamos prejudicado e nos dispusemos a reparar os danos a elas causados.

ORGULHO

NONO PASSO:
Fizemos reparações diretas dos danos causados a tais pessoas, sempre que possível, salvo quando fazê-las significasse prejudicá-las ou a outrem.

DÉCIMO PASSO:
Continuamos fazendo o inventário pessoal e, quando estávamos errados, nós o admitíamos prontamente.

DÉCIMO PRIMEIRO PASSO:
Procuramos, através da prece e da meditação, melhorar nosso contato consciente com Deus, na forma em que o concebíamos, rogando apenas o conhecimento de Sua vontade em relação a nós e forças para realizar essa vontade.

DÉCIMO SEGUNDO PASSO:
Tendo experimentado um despertar espiritual, graças a estes passos, procuramos transmitir esta mensagem aos alcoólicos e praticar estes princípios em todas as nossas atividades.

Esses passos descrevem a humildade necessária para irmos além do pequeno mundo das nossas ocupações a fim de nos envolver com outras pessoas e acolher a graça de Deus. Eles são repetidos pela vida afora e não executados apenas uma vez. Como parte do processo, as pessoas continuam comparecendo às reuniões dos AA, onde desenvolvem ligações tanto com amigos como com desconhecidos. Tudo isso serve para ilustrar o que está faltando na vida que se resume a "ter amigos e manter-se ocupado". Imaginar uma humilde camaradagem com desconhecidos e com Deus é o que expulsa o orgulho e abre caminho para a derrota de todos os demônios da infelicidade.

## CONTENTAMENTO

O ápice dos ensinamentos de Cassiano sobre os Oito Pensamentos está em sua conferência *Sobre a perfeição*. Nessa conferência ele propõe uma imagem para descrever a perfeição espiritual, em que os três estágios que levam à pureza de coração são apresentados como três motivos para sermos virtuosos. No primeiro estágio do crescimento espiritual, queremos ser virtuosos porque temos medo de ser castigados por fazermos coisas erradas. Esse medo pode ter por objeto quer o castigo divino, quer os castigos humanos; pode ainda, eu diria, ser o temor de consequências negativas. Seja o que for, é uma virtude em resposta ao medo da dor. No segundo estágio, queremos ser virtuosos porque esperamos ser recompensados. Novamente, pode se tratar de uma recompensa humana ou divina e, a meu ver, possivelmente inclui a esperança de algum benefício pessoal. Pode-se ver aí uma virtude em resposta a alguma esperança de ganho. Mas o estágio final consiste em sermos virtuosos por amor: pelo amor de fazer a coisa certa, por amor a outras pessoas e, em última análise, por amor a Deus. Cassiano compara esses três níveis a três tipos de relacionamento. A virtude como resposta ao medo da dor é como a virtude de um escravo que obedece ao seu dono. A virtude em resposta à esperança de ganho é como a virtude de um empregado que quer seu salário. A virtude em resposta ao amor é como a virtude do filho que, de bom grado, obedece ao pai.

Cassiano reconhece que ninguém é completamente perfeito. Mesmo aqueles que agem virtuosamente, movidos

## ORGULHO

pelo amor, não conseguem evitar "os pequenos pecados cometidos por palavras e pensamentos, por ignorância, por esquecimento, por necessidade, por deliberação e por acaso". Constatando que eles mesmos são dependentes da compaixão de Deus perante seus pecados, os virtuosos demonstrarão particularmente a dádiva da compaixão pelos que são moralmente fracos. Embora a perfeição completa seja impossível, Cassiano acredita sinceramente que podemos coibir nossa voluntária aceitação dos Oito Pensamentos. Podemos fazer a escolha fundamental de evitá-los, de modo que, embora ainda possam nos influenciar pelo esquecimento e pelo acaso, nossa escolha fundamental de rejeitá-los continua firme. Fazer consistentemente essa escolha é o mais perto que chegamos da perfeição; fazê-la não apenas uma vez e pronto, mas reiteradamente. Repetir essa escolha é ter pureza de coração.

O fruto desse processo é o contentamento com aquilo que se opõe aos demônios, as virtudes delineadas no início desta jornada. As três virtudes corporais: moderação, amor casto e generosidade. As três virtudes do coração e da mente: mansidão, alegria e consciência espiritual. E as duas virtudes da alma: magnanimidade e humildade. Podemos chamá-las de as Oito Virtudes, e elas são as pedras de apoio que nos dispusemos a buscar no início do livro. Fazer a escolha sincera de trabalhar para desenvolvê-las é a pureza de coração, e pautar-se por elas para cumprir nosso caminho é puro contentamento. Ser uma pessoa repleta dessas virtudes é ser uma pessoa querida. Mas viver pelas Oito Virtudes é muito mais difícil do que ser dominado pelos Oito Pensamentos, e sabemos que nossos pés muitas vezes deslizarão e escorregarão. Pela graça de Deus, porém, podemos perseverar, ser perdoados e começar novamente a cada dia, plantando firmemente os nossos pés nas pedras de apoio da virtude.

Com excessiva frequência, a ideia de felicidade é associada ao estreito significado de se sentir bem. Claro que não há nada de errado em se sentir bem, mas essa definição mesquinha quase não deixa espaço para o contentamento oriundo da virtude, nem para a alegria que advém da graça. Para encontrar a felicidade, precisamos ampliar nossa definição, de modo que o sentir-se bem esteja inserido no contexto mais abrangente de fazer e conhecer o bem. Neste livro não propus nenhum método para encontrar a felicidade, porque esta não é um objeto que possa ser apanhado ou perdido. Em vez disso, descrevi a busca da felicidade como um processo para a vida inteira, capaz de culminar em uma morte feliz. Essa jornada é comum a leigos e monges, embora contemple algumas diferenças. As pedras de apoio monásticas servem para nos ajudar a sentir o contentamento de fazer o bem e a alegria de partilhar da graça de Deus. Dando esses passos, nós seguramente estaremos trilhando o caminho que leva à felicidade.

Comecei este livro refletindo sobre a necessidade de encontrar um entendimento da felicidade que seja sólido e puro como o ouro verdadeiro, não como o ouro dos tolos. Aceitar os Oito Pensamentos é o ouro dos tolos, que oferece felicidade apenas para aqueles que não têm os olhos treinados. Viver conforme as Oito Virtudes oferece a felicidade do ouro verdadeiro, uma felicidade robusta, generosa e duradoura.

# AGRADECIMENTOS

Escrever um segundo livro é realmente dez vezes mais difícil do que escrever o primeiro. Por isso quero agradecer à equipe da Weidenfeld & Nicolson que me deu a confiança necessária para perseverar. Em primeiro lugar, agradeço à editora original, Helen Garnon Williams, que, apesar de ter sido mãe e ter trocado de emprego enquanto eu escrevia o livro, jamais deixou de me proporcionar seu generoso apoio e seus comentários críticos em todas as etapas do processo. E agradeço também a Alan Samson, que assumiu o cargo de editor nos estágios finais deste trabalho e o endossou continuamente, realizando uma judiciosa edição do texto. Em segundo lugar, o presente livro foi publicado tendo como plataforma o sucesso do livro anterior: *Finding Sanctuary* [*Encontre seu santuário*]. Por seu trabalho na promoção dele, agradeço a Lisa Shakespeare, que se empenhou muito além do que se espera para administrar meus contatos com a mídia e também para fazer com que fossem prazerosos e produtivos.

Gostaria de agradecer ainda aos meus irmãos monges da Abadia de Worth. A maioria dos capítulos deste livro lhes foi apresentada em nossas palestras comunitárias, e as críticas que eles fizeram foram de um valor inestimável. Agradeço em especial aos que compartilharam comigo suas experiências pessoais de combate aos demônios. Sou grato por sua paciência e incentivo, não só no que diz respeito ao texto, mas também no que se refere às interferências que acontecem na vida do mosteiro quando o abade se põe a escrever um livro.

Finalmente, quero agradecer às fontes que me permitiram alicerçar este texto. As citações da Bíblia são da *Revised Standard Edition*, exceto os Salmos, que foram extraídos da *New Jerusalem Bible*. Agradeço à Liturgical Press, Collegeville, EUA, por permitir o uso de sua edição da *The Rule of St Benedict*. Os textos da Dra. Windy Dryden tiveram uma influência significativa na minha compreensão da terapia cognitivo-comportamental, e sou-lhe grato tanto pessoalmente quanto como autor. Acima de tudo, agradeço ao frei Columba Stewart, da Abadia de St. John, em Collegeville, nos Estados Unidos, não só por seu livro magistral, *Cassian the Monk* [Cassiano, o monge], mas também por sua amizade. Ele me ensinou a levar Cassiano a sério, não apenas no mundo moderno, mas também em minha vida particular.

# BIBLIOGRAFIA

Os livros citados a seguir foram especialmente úteis para a redação deste trabalho e são altamente recomendados como leitura adicional:

CASSIAN, J. *The Institutes*, trad. ingl. B. Ramsey (The Newman Press, 2000).
\_\_\_\_. *The Conferences*, trad. ingl. B. Ramsey (The Newman Press, 2000).
DRYDEN, W. e GORDON, J., *Thinking Your Way to Happiness* (Sheldon Press, 1990).
FUNK, M. *Thoughts Matter: The Practice of the Spiritual Life* (Continuum, 1998).
GRUBER, M. *A Journey Back to Eden: My Life and Times among the Desert Fathers* (Orbis, 2002).
HADOT, P. *Philosophy as a Way of Life* (Blackwell, 1995).
MCMAHON, D. *Happiness: A History* (Grove Press, 2006).
MERTON, T. *Cassian and the Fathers* (Cistercian Publications, 2005).
MILLER, V. *Consuming Religion: Christian Faith and Practice in a Consumer Culture* (Continuum, 2003).

◆

SAVAGE, S. et al. *Making Sense of Generation Y: The World View of 15-25 Year-olds* (Church House Publications, 2006).

STEWART, C. *Cassian the Monk* (Oxford University Press, 1998).

STYRON, W. *Darkness Visible* (Vintage, 2004).

WARD, B. *The Desert Fathers: Sayings of the Early Christian Monks* (Penguin, 2004).

Impressão e acabamento:

tel.: 25226368